Receptari de cuina
El menjar a casa de Gabriel Oliver Morey,
batle republicà de Palma (1872-1873)

Maria del Carme Oliver Espinosa

RECEPTARI DE CUINA
El menjar a casa de Gabriel Oliver Morey,
batle republicà de Palma (1872-1873)

EDICIÓ I PRESENTACIÓ:
Alexandre Font Jaume
Doctor en Filosofia i Lletres

PRESENTACIÓ:
Antoni Tugores
Investigador i periodista

LLEONARD MUNTANER, EDITOR
MALLORCA · 2024

Coberta: Detall de l'obra *Bodegó* (1645) , original de
Willem Claeszoon Heda (Haarlem, 1594-1680)
Dresde, col·lecció d'art estatal.

Frontispici: Retrat de Maria del Carme Oliver Espinosa (*c.* 1950)

Primera edició: octubre de 2024

LLEONARD MUNTANER
Editor

Apartat de Correus, 828 ∕ C/ Joan Bauçà, 33 - 1r
07080 Palma (Mallorca) ∕ 07007 Palma (Mallorca)

Telèfon 971 25 64 05
editorial@lleonardmuntanereditor.cat
www.lleonardmuntanereditor.cat

Amb la col·laboració de:

Consell de
Mallorca

Correcció lingüística: Catalina M. Serra Vidal

ISBN: 978 - 84 - 10377 - 08 - 0
Dipòsit legal: PM - 708 - 2024

PRESENTACIÓ

ALEXANDRE FONT JAUME

La literatura culinària viu, ja des de començaments del segle passat, uns temps de contínua expansió. Avui els mitjans escrits, la televisió o internet han convertit les receptes de cuina en un autèntic fenomen de masses, en el qual conviuen la tradició —una cuina secular i de temporada— i una modernitat diversa, que cerca l'originalitat en el contingut i en la presentació, i la sofisticació. Una gran majoria dels receptaris és de caràcter funcional, de manera que el que interessa és únicament el plat receptat, sense altres preocupacions. I no obstant això, fins i tot aquelles receptes més quotidianes i senzilles —un breu escrit amb el títol del plat, una relació d'ingredients i unes instruccions per combinar-los— admeten altres lectures; darrere cada una s'amaga un relat que ens parla d'alimentació, d'antropologia, de societat, d'història i d'altres aspectes culturals de gran interès.

Un d'aquests aspectes és el caràcter femení de la cuina, considerada fins fa poc un àmbit propi de la dona, d'una mestressa de casa que amb freqüència ha rebut de la mare un receptari i l'ha transmès, a la vegada, a la seva filla, no sense que abans l'hagi pogut ampliar, introduint-hi receptes noves, reduir o modificar al seu gust, convertint-se, de qualque manera, en coautora del receptari, que esdevé així un instrument familiar, d'autoria col·lectiva o compartida, que passa de generació en generació. Aquest caràcter essencialment femení és una particularitat que ha seduït autors com M. Ángeles Pérez Samper, que titula *Recetarios de mujeres y para mujeres* un dels nombrosos treballs que ha dedicat a l'alimentació i a la cuina. Però el receptari no ha estat sols femení, ha estat també feminista a partir de finals del segle XIX, quan la dona, assumint la seva autoria, adquireix el protagonisme que li pertoca; fins aleshores, els receptaris eren patrimoni dels cuiners, que eren els únics —almenys a Espanya—, com afirma María Paz Moreno, que figuraven com a autors dels receptaris, i a la vegada com a creadors dels plats. Pens que a partir sobretot del segle xx es pot parlar no sols del feminisme dels receptaris, sinó també de la seva democratització, perquè giren entorn no d'una alta cuina —la de les corts reials o senyorials, la conventual— sinó d'una cuina de classes mitjanes i, fins i tot, baixes.

El mateix passa amb la multitud de plaguetes de cuina inèdites, reduïdes a un àmbit domèstic, condemnades a l'anonimat i perdudes moltes d'aquestes com a conseqüència de l'escassa valoració en què s'ha tengut tradicionalment aquest tipus de texts.

Els receptaris no són sols literatura culinària, ni la dona, com a subjecte receptor i transmissor, és l'únic element que interné en aquest procés alimentari: cal comptar també amb els destinataris o beneficiaris de les receptes, és a dir, amb les persones que consumeixen el producte final.

No és freqüent que coneguem l'autora (o autor) ni la família a qui anava destinat un receptari, però aquest no és el cas que ara ens ocupa: coneixem l'autora, Carme Oliver Espinosa, i la família, la mare, Margalida Espinosa Cabot, i el pare, Gabriel Oliver Morey. Ells foren destinataris d'una part del receptari que ara ens ocupa, la més antiga, corresponent a la segona mitat del xix i principis del xx, que conté plats de la nostra cuina tradicional, senyal inequívoc que aquestes receptes procedien no dels Espinosa, que no eren originàriament mallorquins, sinó dels —o, millor, de les— Cabot. Un altre tipus de receptes, dels anys trenta i de postguerra, afegit per Carme Oliver al nucli originari, denoten el gust i les circumstàncies de l'autora.

Aquest és el valor afegit a l'estrictament culinari del receptari que es publica: el d'obrir-nos una finestra que ens permet veure un aspecte de la vida privada d'una família ciutadana de la classe mitjana, avançada al seu temps; els seus membres se'ns presenten amb una gran personalitat i rellevància per a la història de Palma, sobretot el pare de l'autora, Gabriel Oliver Morey, eficient primer batle de Ciutat de la I República, però també la mare, Margalida Espinosa Cabot, valenta i lluitadora, innovadora directora d'un centre educatiu femení, «Nuestra Señora del Carmen», i l'autora, Carme Oliver, una dona que sembla moure's entre el progressisme del seu pensament (pel que fa a l'alliberament de la dona de la dependència de l'home) i el conservadorisme dels temps i de la societat que l'envolten.

D'acord amb tot això, la introducció d'aquest receptari consta d'una part dedicada a l'autora i la seva família, especialment el pare, del qual, a pesar del seu interès, a hores d'ara no s'ha escrit cap monografia, llibre o article. I una altra part dedicada, com no podia ser d'altra manera, a les mateixes receptes.

Aquest llibre de cuina, amb un doble interès, l'històric i el gastronòmic, voldria que fos el primer d'una sèrie dedicada a la cuina de mallorquins —persones i institucions— rellevants de la nostra cultura.

NOTA A L'EDICIÓ

1. Per tal de facilitar la lectura de la introducció, s'han suprimit les notes, a peu de pàgina o a final de text. Les referències bibliogràfiques (normalment, a notícies de premsa) s'han inclòs al text normal, entre parèntesi, al lloc que li pertany. El mateix s'ha fet amb la font de diversos instruments jurídics (com els testaments), que procedeixen en la seva major part de l'Arxiu del Regne de Mallorca (ARM). Les dates de naixement, batiament, matrimoni o defunció estan tretes dels llibres corresponents, que es guarden a l'Arxiu Diocesà de Mallorca (ADM). La referència completa de les obres de cuina que se citen en aquesta presentació és: PÉREZ SAMPER, MARÍA ÁNGELES. «LOS recetarios de mujeres y para mujeres», *Cuadernos de Historia Moderna*, 19, 1997, p. 121-154, i MORENO, M. PAZ. *De la página al plato. El libro de cocina en España*. Gijón, Ediciones Trea, 2012, p. 123-124.

2. Al receptari alternen mesures funcionals (cullerada, cu-
lleradeta, tassa...) modernes, fonamentades en el sistema
mètric decimal (g, kg), amb mesures tradicionals mallor-
quines, sobretot:
    • La lliura, equivalent a 12 unces i 400 grams.
    • L'unça, equivalent a 33,3 grams.
    • La xícara (o jícara) és el contingut d'una tasseta de xocolata.
    • Una mesura (o medida) és la manera que utilitza Carme
    Oliver per referir-se a una tassa, gairebé sempre de llet.

3. La llengua generalment utilitzada en aquest receptari és el
castellà, però Carme Oliver no posà per escrit les receptes
per a ús públic, sinó com a recordatori propi, de manera
que de vegades ho feu aviat i amb poca cura; per això quan
un terme sols el sabia en català, l'escrivia en aquesta llengua,
i es produeixen a més algunes vacil·lacions i errors involun-
taris. Aquests darrers els hem corregit i els termes en català o
les incorreccions les hem posat en cursiva. Algunes receptes
tampoc no duien títol; per a un més bo enteniment del text
els els hem afegit nosaltres entre claudàtors.

CARME OLIVER ESPINOSA

Alexandre Font Jaume

La família. Can Marc d'Algaida i els Espinosa

En la majoria d'ocasions desconeixem el nom dels que han escrit un receptari de cuina, recollint (en plaguetes, freqüentment) unes receptes que constitueixen un patrimoni familiar poques vegades apreciat com es mereix.

No és el cas que ens ocupa: l'autora del receptari que aquí es publica és Carme Oliver Espinosa (Palma, 16-07-1981 / Algaida, 8-12-1956), descendent, per línia paterna, d'una coneguda família originària de Palma però ben arrelada a Algaida, els Oliver de Can Marc.

Fusters un temps, almenys a finals del segle XVII i principis del XVIII, aquests Oliver ascendiren ràpidament a mitjans d'aquest darrer segle l'escala econòmica i social. Joan Oliver Mulet († 7 d'abril de 1745), un pròsper mestre fuster dedicat a la fabricació i venda de mobles, edificà unes cases amb entrada per l'actual carrer de la Unió que originàriament arribaven per darrere al Born i pel lateral esquerre segurament a la plaça del Mercat (a l'inventari *post mortem* dels seus béns es situen davant la «Casa de les Comèdies»). A la botiga petita on tenia instal·lat el taller es trobaren 372 cadires, la major part pintades; a la botiga gran, situada damunt, hi havia diversos canteranos de marqueteria fina d'ivori i altres mobles igualment de qualitat. La prosperitat econòmica possibilità un bon casament amb Bàrbara Roig (un nebot de la qual era oficial de Dragons). El primogènit i hereu, Joan Oliver Roig (1703-1773), és el personatge clau de la família. Inicià una dinastia de tres notaris que s'estén de 1744 a 1876, és a dir, fins al notariat modern. Com a notari, Joan Oliver

Roig destacà aviat. No li havia faltat un bon padrí: rebé del seu cunyat, el notari Gabriel Oliver (no sabem si també parent consanguini), la notaria de diverses institucions religioses, d'alguns gremis i, sobretot, l'escrivania major del Consolat de Mar.

D'altra banda, excepció feta de les cases del carrer del Beat Alonso, núm. 3, de Ciutat, que aportaria més endavant la seva nora Margalida Maria Salvà Llaneras, Joan Oliver Roig és el creador d'un patrimoni familiar (valorat el 1815 en 27.596 pessetes i el 1884 en 38.506) que arribaria, amb pocs canvis quantitatius, al segle xx. Un bon test del nou estatus de la família el donen els inventaris aixecats a la mort de Joan Oliver Mulet, de 26 de juny de 1745 (ARM prot. O-304) i el fet dels béns del seu fill, Joan Oliver i Oliver, de 23 de maig de 1816 (ARM prot. B. Socies not.). Al segon, les cases figuren molt més vestides (sobretot la de can Marc d'Algaida) i amb una col·lecció de pintura molt més rica i adaptada a l'onomàstica familiar. Entre els quadres, un retrat facial *post mortem* de Joan Oliver Roig sobre pintura preexistent, i un altre de Magdalena Oliver Roig jove, d'un fi preciosisme. En canvi, no es troba referència a llibres, a part dels volums d'actes notarials.

La tradició familiar que el primogènit fos l'hereu i notari es trencà amb el net, Joan Oliver Salvà, que havia estat practicant de notaria amb son pare, Joan Oliver Oliver, sense aconseguir assolir la condició de notari. En contemplació de matrimoni, aquest li feu donació *post mortem* de la mitat dels béns d'Algaida i estatge, per a ell, la dona i la descendència, al domicili familiar. Joan Oliver Salvà no l'acceptà i impugnà la donació, que no havia firmat; el plet arribà al Suprem que declarà vàlida la donació. L'hereu i, sens dubte, preferit del pare fou el secundogènit, Gabriel, notari de prestigi a Palma, on exercí durant 63 anys. Fou secretari i president-degà de la junta directiva del Col·legi Notarial quan fou constituït per primera vegada, el juny de 1862.

Gabriel Oliver Salvà era, sens dubte, home de fort caràcter, de contrastat fervor religiós i absolutista de soca-rel. Quan el 1823 Ferran VII, acabat el trienni liberal, volgué eliminar el liberalisme, creà les milícies de voluntaris realistes, desconfiant de la lleialtat de l'exèrcit regular. Gabriel Oliver aviat s'integrà a les de Palma. El

1825, quan va néixer el seu fill Gabriel Oliver Morey, era tinent del Batallón de Voluntarios Realistas de Palma, i el 1828 n'era el capità, com figura a la partida de baptisme del seu fill Josep. Els milicians realistes no entraren mai en combat; la seva funció era més aviat parapolicial, d'avís (i, per tant, repressió) als liberals.

Morí el nostre notari el 10 de novembre de 1876, als 88 anys d'edat i 63 d'exercici de la professió; una llarga vida que li donà temps de veure la proclamació de la I República i el seu fill Gabriel, republicà convençut, convertit en batle de Palma.

Molt diferents eren els Espinosa, família materna de Carme Oliver. El primer Espinosa del qual tenim constància és José, besavi de l'autora d'aquest receptari, oriünd de Granada, des d'on emigrà a Mallorca. Aquí es casà amb una palmesana, Margalida Pujol. D'aquest matrimoni nasqué Josep Espinosa, de professió sabater, que comprà el 20 de desembre de 1869, per subhasta i mitjançant dues hipoteques, una finca situada al carrer de Sant Miquel de Palma, núm. 110-114, veïnat de l'hort de les monges de Santa Catalina de Siena, que, probablement per falta de liquidat, va anar venent per parts; la darrera el 2 de setembre de 1867. La família passà aleshores a viure al carrer de Sant Francesc, 4, que no tenien en propietat, segons es desprèn del Registre de la Propietat.

Josep Espinosa es casà amb Ana Cabot Losada († 12 de març de 1891), i del matrimoni nasqueren un fill, Josep, i tres filles, Margalida, Aina i Maria del Pilar. Margalida fou la mare de Carme Oliver; Maria del Pilar es quedà fadrina, i Aina es casà (11-I-1878) amb l'alferes del segon batalló del regiment Tetuan 47 Luis Álvarez Blanco, mort a la guerra de Cuba el desembre de 1898. Tenia el grau de capità i deixava vídua i set fills.

Josep Espinosa Cabot fou el membre més conegut de la família. Cantant, músic, compositor i empresari d'òpera, mereixeria un capítol dins la nostra història de la música que encara ningú no li ha dedicat. No és aquest el lloc per parlar-ne, però no em resistesc a donar-ne algunes fites breus, donada la pràctica absència de notícies.

Per un anunci a la premsa de l'època sabem que el 1877 Josep Espinosa tenia una tenda de música al carrer del Palau de Ciutat, núm.

13, i que un any després, el juny de 1878, s'incorporà com a professor a l'escola de música que organitzà la Casa de la Misericòrdia, en fou director del seu cor fins a març de 1887. Uns anys després, el 1893, consta que era un dels professors del Liceu de Barcelona, i entre 1891 i 1903 sabem que arrendava a l'Ajuntament el Teatre Principal per dur-hi representacions d'òpera. Així, *El Bien Público*, núm. 5458, de 16 de març de 1891, a la pàg. 3 informava que

> Contratados por D. José Espinosa llegaron ayer a Palma a bordo del *Bellver* los artistas del Liceo de Barcelona las Sras. Bordallea, Guerini, Rodriguez y Carotini, y los Sres. Moscheroni, Cardinali, Laban, Visconti y Boldri, 36 profesores de la orquesta del Liceo, 50 coristas, 12 bailarinas, en total 140 personas que representarán Lohengrin y probablemente Otello, y juntamente el atrezzo, vestuario, decorados.

Per altra banda, *Las Baleares, diario republicano* (núm. 1332, de 14 de novembre de 1895, pàg. 2) donava compte de l'arribada de Josep Espinosa amb una nova companyia lírica integrada per Ana Kefer i Araceli D. Aponte (tiple), Julieta Wermez (tiple lleugera), Rosina Blanchart (contraalt), i els senyors Roig (tenor), Aragó (baríton) i Baldú (baix). Per la premsa ens assebentam també de la disputa entre Josep Espinosa i el tenor Lorenzo Simó *Simonetti*, o de l'actuació de l'actor mallorquí Joan Balaguer, de gran èxit entre el públic. A partir de 1902, Josep Espinosa va deixar aquesta activitat per falta de resposta suficient del públic amb la conseqüent ruïna econòmica. Cal tenir en compte les despeses que ocasiona no sols el personal, també la totalitat de l'atrezzo que era transportat des del Liceu de Barcelona.

De la seva labor com a compositor tenim notícies molt parcials. Sabem que compongué un trisagi, i una peça dedicada a la Mare de Déu dels Dolors; dues misses (1882) i una composició per al cor de la Casa de la Misericòrdia (1883). Sabem també que era tenor, que el juny de 1882 cantà el nocturn *Vaga Luna* i la balada *La Golondrina*, de Guillem Massot, i que el 1888 interpretà l'*Ave Maria* de J. de la Cruz Font.

Un ambient i una visió de la vida més oberts, pel que sembla, i menys encotillats que la que hi havia a can Marc, i que fou un dels factors que més contribuïren, juntament amb la influència de la mare, a modelar el caràcter de Carme Oliver.

EL BATLE GABRIEL OLIVER MOREY

El pare de Carme, Gabriel, Leonardo, Lorenzo, Jayme, Caye-tano, José, Ignacio i Buenaventura Oliver Morey, primer batle de la I República de Palma, havia nascut el 10 d'agost de 1825 a Palma, i fou batiat el mateix dia a la parròquia de Sant Jaume. Sabem molt poc de la seva vida privada. El seu patrimoni devia ser escàs: son pare, Gabriel Oliver Salvà, li deixà únicament la legítima i dret d'estatge a la llar familiar en condicions força restrictives; una tia, Bàrbara Oliver, el feu hereu, a més coheretà del seu oncle Josep Oliver i fou legitimari d'alguns parents més, la major part dels quals havia rebut no herències sinó legítimes. Res que li permetés viure amb comoditat sols amb els seus recursos. No tenia estudis superiors, però sí una formació musical, segons es desprèn de la seva pertinença a la secció filharmònica del Círculo Mallorquín (CM pàg. 301). Tal vegada aquesta afecció a la música fou el fil que el dugué a Josep Espinosa i, a través d'ell, a la seva germana Margalida, amb la qual es casà el 16 d'agost de 1878, a la parròquia de Sant Jaume de Ciutat. Ell tenia 53 anys, ella, mestre de primària elemental, 23. Als tres anys de matrimoni, el 21 de juliol de 1881, va néixer Carme, l'autora del receptari, filla única del matrimoni. No sabem res de les relacions personals de la parella, però podem deduir amb certesa que a partir d'un cert moment el matrimoni entrà en una crisi de la qual no es recuperaria, probablement com a conseqüència de les relacions del marit. En donen indici les circumstàncies no habituals de la seva defunció; Gabriel havia mort a una casa que no era la seva a les 10 de la nit d'un quatre de juny de 1895 d'una paràlisi cardíaca, com resa el certificat de defunció; els familiars es trobaren el seu cadàver a la portes del domicili familiar, on havia estat abandonat. Fos com fos, la memòria de Gabriel Oliver Morey va quedar proscrita de la família i el seu nom no es va tornar a pronunciar.

En canvi, a la seva vida política, transcorreguda a una època molt inestable, Gabriel Oliver Morey fou persona sens dubte afortunada.

Tot i haver nascut en el si d'una família d'un absolutisme rigorós, o tal vegada per això mateix, el nostre personatge fou un dels més destacats membres del republicanisme federal a les Illes, un moviment organitzat a partir del destronament d'Isabel II per la revolució setembrina del 68, amb implantació principalment a la vida municipal, on propugna el laïcisme (sobretot a l'educació), un urbanisme modern (que passava per esbucar les murades), la supressió de les quintes i dels imposts de consum, mesures per frenar l'atur, etc. A Palma, entre 1869 i 1874 presidiren l'Ajuntament quatre batles republicans federals, el tercer d'ells, Gabriel Oliver Morey.

A falta d'una merescuda biografia, les notícies del nostre polític són escasses, procedents majoritàriament de la premsa de l'època. Ens indiquen que Gabriel Oliver Morey va desenvolupar una intensa activitat en el si del partit ja des de molt prest. Probablement de la mà d'Antoni Villalonga va ser elegit membre del comitè local i provincial ja el 1869 (*El Menorquín*, òrgan republicà federal de l'illa de Menorca, núm. 48, de 26 de setembre de 1869), i tenim constància que ho era el 1881; el 1883 participà a la reunió del Casino Republicano de Palma en la creació de la societat anònima «La Publicidad Baleárica» (*La autonomia, diario republicano democrático federalista*, núm. 133, de 10 de desembre de 1883), i el 1884 era secretari de l'Ajuntament d'Algaida.

L'entrada a la política institucional degué molt a la sort. Els dies 3 a 6 de juliol de 1869 a Palma se celebraren eleccions municipals parcials, per cobrir vacants. Els partits no republicans es retiraren i fàcilment guanyaren els republicans, entre ells Gabriel Oliver Morey (alguna vegada confús amb Gabriel Oliver Mulet, metge i batle també, entre 1877 i 1878, però conservador). El nou regidor de Palma començà una carrera político-administrativa que el duria a la batlia. El 1872, baix la presidència de Rafel Manera, és elegit síndic; l'any següent, l'1 de febrer, Gabriel Oliver és elegit primer tinent de batle; el batle era Antoni Villalonga. A partir del 12 de febrer, per incapacitat del titular, exerceix la primera magistratura interinament, fins que el 16 de juliol de 1872 és elegit batle popular, amb 23 vots a favor i un en blanc, previsiblement el seu. Exercí aquest càrrec probablement fins a l'agost de 1873; el 16 d'aquest mes i any figura a les actes municipals com a tinent de batle i batle interí, i a partir del 23 d'octubre el batle ja és Antoni Masroig. Amb tot, no abandonà la política municipal; el 1875 era tinent de batle, i el 1883, d'acord amb *L'Autonomia*, regidor associat.

La seva actuació a l'administració municipal se centrà en la sanitat, especialment en el combat de la verola confluent i la febre groga, i en l'adaptació al nou règim polític republicà.

La febre groga es propagà per Ciutat a partir de 1870; per evitar el contagi es crearen diversos centres de quarantena, els «campaments», un dels quals, el castell de Sant Carles, que estigué a càrrec de Gabriel Oliver. Comptava amb 336 «acampats», i cap d'ells morí per la malaltia. La verola confluent s'agreujà molt l'estiu de 1873, i més encara la tardor. Fou necessari prendre mesures molt dràstiques, com el ban, que dictà Gabriel Oliver, establint la vacunació obligatòria de la població.

No obstant l'eficaç gestió municipal, Gabriel Oliver Morey és conegut per ser el primer batle de Palma de la I República i per la seva intervenció en la demolició de les murades, una qüestió de coincidències: la República es proclamà l'11 de febrer de 1873, quan el nostre polític encara era batle; li tocà, per tant, ser el primer batle republicà i, com a tal, la seva actuació es caracteritzà per la prudència. El dia següent de la proclamació, 12, Gabriel Oliver convocà sessió extraordinària de l'Ajuntament i dictà un ban demanant ordre i tranquil·litat. Molt aviat començaren a córrer rumors que, amb la nova situació política, es podrien esbucar les murades, considerades aleshores antihigièniques i estranguladores del creixement natural de Ciutat; era aquesta una aspiració esdevinguda símbol del progrés i compartida per amples capes de la població, ben disposta a enderrocar-les. Però les murades, com a element defensiu, estaven baix jurisdicció militar i el comandant general accidental, general Villavicencio, n'era contrari. Disposat a evitar qualsevol incidència, la nit del 14 tregué les tropes al carrer i les distribuí pels punts neuràlgics de la Ciutat i alguns trams de la murada. Gabriel Oliver preocupat pel caire que prenia la situació, va telegrafiar al president de la República, Estanislau Figueres, demanant autorització per a la demolició. Esperà tota la nit contestació, que finalment arribà el dematí del dissabte 15; quan Villavicencio fou informat, retirà les tropes. A partir de les 10 h, Cort s'anà omplint d'una multitud festiva. El batle, des del balcó, anuncià la bona nova de l'autorització, i es formà una processó amb banda de música que arribà al tram de murada que es pretenia esbucar. Gabriel Oliver pujà, com pogué, dalt de la murada i, prenent una de les pedres, la llançà en terra dient «En nombre del Presidente de la República Española, ¡abajo las murallas!». Era, simplement, un acte simbòlic, perquè fins a 1895 no es publicà la llei que autoritzava l'enderrocament de les murades, que es dugué a terme el 1902.

MARGALIDA ESPINOSA CABOT

L'esposa de Gabriel Oliver, Margalida Espinosa, era una dona d'empenta. Quan es va inaugurar l'Escola Normal de Mestres de Balears (femenina) amb un primer curs el 1872-1873, Margalida Espinosa era una de les 22 alumnes que començaven; el magisteri es considerava aleshores una de les poques dedicacions convenients per a una dona. El 1875 obtingué el títol de mestra elemental, i muntà una escola de primària per a nines, al carrer de Sant Miquel, 21, segurament el domicili familiar dels Espinosa, del qual abans s'ha tractat (hi ha una diferència de numeració 101 i 21, que pot deure's a una errada). El 1887, molt probablement quan el pare, Josep Espinosa, va acabar de vendre la casa abans esmentada, Margalida traslladà l'escola al carrer de Sant Francesc, 6; duia el nom de «Nuestra Señora del Carmen», i aviat es convertí en un conegut centre de formació femení, en part gràcies a les habilitats socials de M. Espinosa, una dona que cuidà la imatge i la publicitat, com ens indiquen les notícies de premsa, que es fan ressò de la seva participació en diferents actes socials. *El Balear, diario liberal conservador* de 12 de maig de 1898 esmenta la seva participació a una subscripció per a sostenir els menjadors socials; el 1907 fa una donació per a una tómbola pro damnificats de Màlaga i Catalunya (*Gazeta de Mallorca*, 20 de novembre de 1907) i el 13 de juliol de 1908 dona una quantitat important en favor de les Serves de Jesús; i aquests actes no semblen aïllats.

Però sobretot l'escola oferia un mètode didàctic modern i «progressista», i alhora assumible per les classes mitjanes, fonamentat, molt probablement, en el de la mestra Pilar Pascual de San Juan (1827-1899), autora de diversos llibres sobre educació femenina de gran èxit, sobretot *Flora o la educación de una niña* (Barcelona, Imprenta y Litografía de Faustino Paluzie, 1881). Com ella, Margalida Espinosa pretenia potenciar la dignitat de la dona a la llar, però sense qüestionar la tradicional divisió de rols, sinó donant valor a la formació en aquelles matèries tradicionalment considerades pròpies de la condició femenina, com música i piano, dibuix i pintura, brodat, confecció o breus representacions literàries; per *El Isleño* de 9 de març de 1892, pàg. 3, sabem que al centre «Nuestra Señora del Carmen» es feien classes de cal·ligrafia, francès, música, i dibuix i pintura, impartides pels professors Villalba, Mechalen, Llorens i el pintor Llorenç Cerdà (també impartiria classes de pintura Joan Pizà), que exercí gran influència en la formació artística de Carme Oliver. A final de curs o d'any se celebrava una festa solemne oberta al públic, amb exposició de labors fetes, una vetlada literària, que consistia en el recitat d'un textos literaris composts per la mateixa Margalida Espinosa, una audició musical i la corresponent entrega de premis.

La premsa de l'època, convidada a l'acte, recull la notícia d'aquestes festes, que se celebraven amb tota solemnitat; així, l'*Heraldo de Baleares: diario independiente* (23 del XII de 1897, pàg. 3) deia:

Palma.- En el colegio del Carmen, que dirige Dª Margarita Espinosa, se ha celebrado uno de estos pasados días una velada literaria y musical que seguramente dejó gratos recuerdos en los asistentes, que fueron muchos y distinguidos.

En el desempeño de varias comedias para niñas se distinguieron todas las alumnas de aquel centro de enseñanza, y en los demás números del programa sobresalieron la niña Catalina Arrom, que a pesar de su corta edad toca el piano admirablemente, y las señoritas Carmen Oliver y Asunción Pascual en un interesante diálogo.

El número mejor del programa fue una representación en francés en la cual hiciéronse caprichosos trajes representando las flores, con gusto y arte caracterizados.

La velada terminó con una suelta de lindos pajaritos que al tender el vuelo por las salas del local hiciéronle parecer un jardín.

Nuestra enhorabuena a la directora y a las alumnas que con tanta perfección desempeñaron sus papeles

Era un temps de mostres i exposicions, també de les labors «pròpies de la dona», sargits, cosits, brodats, etc. Pilar Pascual lloava la importància d'aquesta feina a *El Magisterio Balear*, núm. 3, de 16-I-1875, a dos breus articles, amb motiu de l'exposició, a Barcelona, el gener de 1875, de l'associació «El fomento de la producción nacional»; i el mateix feia Dolores Martí de Detrell (31-XII-1874), amb motiu de l'«Exposición anual de trabajo de la mujer», a Sevilla.

Margalida Espinosa Cabot va morir als 51 anys, el 29 de setembre de 1909, d'una embòlia cerebral, després d'una llarga i dura malaltia (tal com anunciava *La Gazeta de Mallorca* de 2 de maig de 1909). Una generació més jove que el seu espòs Gabriel Oliver i educada a un ambient més obert, havia inculcat a la seva filla Carme la necessitat de formar-se i tenir un mitjà de vida per no dependre econòmicament de cap marit. L'experiència conjugal l'avalava. Li deixava també un centre educatiu desatès per la llarga malaltia i en perill de fallida econòmica.

El dia 21 de juliol de 1881, a les nou i tres quarts de la nit, nasqué, al carrer del Sol, 3, principal, Carmen del Monserrate, Margarita, Ignacia i Gabriela, l'autora d'aquest receptari. De faccions poc agraciades i mirada intel·ligent, el seu caràcter autoritari amagava un temperament sensible i sentimental. A l'Arxiu de Telègrafs, a Madrid, al seu expedient a la Jefatura de Telégrafos, es conserva una «Nota de concepto» que la defineix com a persona de molta pràctica en el servei telegràfic, amb molta capacitat per dirigir, però «regular» en coneixements i en diligència. Era evident que Carme Oliver no mostrava gaire apetència per la feina. El seu interès anava més aviat per un altre camí, el de la pintura, en el seu caire artístic i també en la seva vessant pedagògica, és a dir, en la d'instrument per a la formació del nins; per això li agradava també el teatre. No és difícil veure en això la influència de la mare i de «Nuestra Señora del Carmen». La música, en canvi, instrument important en la pedagogia de l'escola materna, no sembla haver-la atret mai, malgrat l'antecedent del tio Josep Espinosa: no sabem que tocàs el piano ni que hagués tengut mai cap aparell de reproducció.

En pintura fou deixeble de Llorenç Cerdà, professor de dibuix i pintura a «Nuestra Señora del Carmen», d'algunes obres del qual feu còpies amb gran soltesa. A l'obra original, feta amb finesa, la influència d'aquest pintor és també evident. Aquest gust per la pintura es traslladà al brodat, que confeccionava amb primor.

La docència fou a la vegada vocació i necessitat, de manera que no resulta estrany que Carme Oliver estudiàs Magisteri. El 1897 obtengué el títol de mestra elemental i l'any següent, el 1898, aprovà els exàmens de mestra superior. Segurament no eren uns estudis fàcils: de 56 estudiants del grau elemental, sols 21 aconseguiren el títol, i de 47 mestres aspirants al grau superior, sols 28 ho aconseguiren.

Obtingut el títol, Carme Oliver s'incorporà a la plantilla de l'escola «Nuestra Señora del Carmen». La mort de la mare el 29 d'abril de 1909, prematura en molts d'aspectes, suposà un canvi radical de la seva vida. L'establiment tancà i no tornà a obrir fins al primer de desembre d'aquell any, però Carme Oliver ja no figurava en plantilla ni dirigia l'escola: dues professores, Joana i Dolors Castelló, eren les noves directores. Molt probablement les dificultats econòmiques l'obligaren a fer aquest traspàs, que sens dubte li resultà molt dolorós.

No sabem si va ser aquest l'any que Carme Oliver va abandonar el domicili familiar del carrer de Sant Francesc, 4, seu de l'escola, i passà a viure a l'estudi de ca n'Oliver del carrer Beat Alonso, atenent la invitació del seu cosí Pere Oliver Ribes, fill d'un germà de son pare, Joan Oliver Morey.

Pere Oliver estava casat amb Joana Maria Mulet, que morí de grip el 21 de juny de 1918, deixant tres fills molt joves, Margalida, Joan i Francisca. Els orfes quedaren al càrrec d'una tia paterna fadrina, que vivia al domicili familiar, la tia Llúcia Oliver, dona d'un acendrat fervor religiós però de plantejaments rígids i escassa habilitat per a tractar amb nins. Qui realment feu de mare fou Carme Oliver, *la tia Carme*, que sabé guanyar-se l'afecte dels nins i el dels nins dels nins quan aquests formaren la seva pròpia família.

Cada any, el dia de Santa Margalida, onomàstica de Margalida Oliver (i de Margalida Espinosa), la tia Carme organitzava un jocs amb diverses activitats, centrades en dues breus representacions escèniques amb diàlegs adaptats a situacions del moment, a càrrec dels fills de Joan i de Francisca (Margalida havia restat fadrina), amb vestuari i decorats preparats per a la festa. Tot recordava les celebracions final de curs de «Nuestra Señora del Carmen».

Quan deixà definitivament l'ensenyament, Carme Oliver es dedicà a preparar l'ingrés al cos de Telègrafs, la primera empresa pública que a partir del 1881 incorporà la dona a la plantilla.

L'11 de novembre aprovà el primer exercici de les oposicions, i el 17 el segon; obtingué així una de les 30 places (per a tot l'estat) que sortien d'auxiliars femenins de tercera. Quan el 16 de juliol de 1951 es jubilà per haver complit l'edat reglamentària, Carme Oliver, que el 1933 havia estat nomenada telegrafista, era auxiliar

Major de 2a classe de l'«Escala Auxiliar Mixta de Telecomunicación, con antigüedad de 1º de enero de 1951».

L'abril de 1938 fou sotmesa, com tot el personal militar o militaritzat, a expedient informatiu de depuració, que fou arxivat el 22 d'octubre de 1938, per no resultar cap responsabilitat; el sentiment patriòtic i la religiositat havien quedat ben demostrats.

La carrera administrativa de Carme Oliver sembla més aviat rutinària i anodina. Durant la Guerra Civil fou enviada a fer algunes substitucions reglamentàries, que ella intentà que fossin del mínim temps possible. A Capdepera i a sa Pobla estigué un mes (juny-juliol i setembre-octubre de 1937, respectivament). A Alcúdia i a Sóller hagué d'estar més temps; a Alcúdia del 22 d'agost de 1938 al 20 de març de 1939, i a Sóller del 31 d'agost de 1939 al 13 de desembre de 1939.

Els ascensos que obtingué foren exclusivament per antiguitat, i les sancions que consten a l'expedient no semblen rellevants; es deuen a omissions o addicions de paraules improcedents als telegrames, ocasionades sens dubte per falta d'atenció.

A les 20 hores del 8 de desembre de 1956 Carme Oliver moria a conseqüència de gangrena a les cames, resultat d'una fractura del fèmur esquer. Havia traspassat una dona singular, que sembla moure's entre el conservadorisme ideològic i el progressisme d'una actitud vital que valora la dona i la seva independència, sense atrevir-se a anar més enfora; tradició i modernitat, que han deixat rastre al seu receptari, de plats tradicionals mallorquins entre els quals comença a tenir cabuda una cuina nova.

Tot i que Carme Oliver fadrina, vivia sola i tenia una dona al seu servei, que entre altres coses cuinava, l'afecció a la cuina era antiga i ben consolidada. Poc ordenada i poc sistemàtica, escrivia les receptes al dors de papers de diferent tipus, però sobretot impresos de telegrames, que li eren més avinents. Com es veurà a la segona part, la més antiga datació es troba a un paperet de 21 de juny de 1858, fragment d'un escrit probablement de son pare, Gabriel Oliver Morey; però hi ha dates d'abans, durant i després de la Guerra Civil. Un d'aquests de 4 de gener de 1927; un altre d'11 de febrer de 1937, i un altre que diu «Palma, 2-3-1940.

Cocinero Vila», dates corroborades per un fulletó de propaganda d'unes «clases de cocina» a celebrar en el Salón Rialto la setmana del 30 de març al 4 d'abril de 1936, impartides pel professor Sr. Amorós, i dos fascicles de cuina, de la biblioteca «El ama de casa», (edit. El Molino, de Barcelona) de juny i juliol de 1936; tots ells són prova de l'antiguitat de l'afecció a la cuina de Carme Oliver.

Una de les escassíssimes imatges que es conserven de Gabriel Oliver Morey, primer batle de Palma de la I República (1872-1873) i pare de Carme, autora d'aquest receptari.

EL RECEPTARI DE CUINA
DE CARME OLIVER

ANTONI TUGORES
Investigador i periodista

El procés evolutiu de l'alimentació dels pobles és generalment lent, malgrat hom observi que la gastronomia sol ser dinàmica i receptiva. Tot i que Mallorca, pel fet de la seva singularitat geogràfica, pot haver estat més aïllada que les terres continentals dels corrents culinaris de l'àrea mediterrània, els fets corroboren una realitat incontestable: la nostra cuina s'ha anat transformant permanentment fins a configurar i consolidar una gastronomia amb personalitat pròpia. És el resultat de múltiples influències exteriors i de la incorporació definitiva de productes forans assimilats, que en algunes ocasions revolucionaren l'alimentació coneguda fins aleshores —com passà en els segles posteriors al descobriment d'Amèrica— amb l'aportació d'elements tan bàsics per a la cuina actual com la patata, el pebre i la tomàtiga, entre molts d'altres. On serien, sinó, el trempó, el pa amb oli o el tombet?

Les receptes de Carme Oliver són una mostra de la permeabilitat de la nostra cuina, que d'alguna manera estava ja configurada a partir del *Receptari de cuina del segle XVIII* de fra Jaume Martí i Oliver (Palma, 1712 – Felanitx, 1788) i que es va anar confitant i estructurant dins el segle XIX, amb aportacions publicades tan importants com el receptari *La cuina mallorquina* (1886) de Pere d'Alcàntara Penya, que va ser un dels màxims representants de la Renaixença —el conegut moviment sociocultural de la segona meitat del segle XIX que es proposava dignificar la llengua i la cultura del nostre país. Un dels trets importants de la cultura de qualsevol país és, després de la llengua, la gastronomia.

Al marge dels receptaris publicats tant en el segle XIX com en el primer terç del XX, com *Cuina mallorquina de casa de senyor*

(Palma, 1927), *Cuina Popular de Mallorca* (Sóller, 1931) i *La cuinera pràctica* (Felanitx, 1935), moltes famílies, especialment les benestants (per una raó tan senzilla com la seva instrucció escolar, un autèntic privilegi en una terra on l'analfabetisme arribava al noranta per cent a certs indrets de la part forana), escrivien les seves pròpies plaguetes o tenien fulls escadussers amb les receptes que anaven arreplegant al llarg de tota una vida. Aquest és el cas de Carme Oliver Espinosa (Palma, 1881-1956). El seu aplec —l'aplec que teniu a les mans— abasta una època que va possiblement des de la meitat del segle XIX (els plats que practicaven la mare, les tietes o les padrines des d'anys enrere) fins a la seva mort. De fet, la primera recepta està datada del 21 de juny de 1858 i la darrera està escrita a Palma el 2 de març de 1949, tot i que era inusual que datàs les fórmules que anava incorporant a la seva col·lecció i que anava confegint sense pretensions d'immortalitat, sinó més aviat com un apunt pràctic per reforçar la memòria en el seu dia a dia dins la cuina.

La cuina de Carme Oliver té un valor afegit: el seu pare, Gabriel Oliver i Morey (Palma, 1825-1895) era batle de Palma quan esdevengué la I República. Oliver va ser, a més del primer batle de la República, un dels personatges rellevants de la segona meitat del segle XIX, un membre destacat del moviment del republicanisme federal a les Illes. El Partit Republicà Federal propugnava el laïcisme, especialment en l'educació (molt en la línia de la Institución Libre de Enseñanza de Francisco Giner de los Ríos), la supressió de les quintes i dels imposts de consum, a més d'un urbanisme modern, que a Palma passava per l'enderrocament de les murades i que avui seria més que discutible, però que aleshores representava un impuls cap a l'autèntic progrés, ja que permetia expandir la ciutat cap a l'Eixample.

Aquest receptari té un altre valor addicional: saber com era la cuina a casa d'un home influent, el seu pare, però també —i especialment— de la seva mare, Margalida Espinosa Cabot (Palma, 1858-1909), una dona instruïda que exercia de pedagoga i que a més de les matèries escolars habituals ensenyava també música i piano, dibuix i pintura, brodat i fins i tot com fer representacions literàries breus. Per tant, no és un aplec de cuina popular i d'aprofitament, tret que caracteritza molts de receptaris, encara que hi ha algun apunt que no s'allunya de la cuina pagesa. Record que vaig entrevistar fa anys Bàrbara Sansó Nicolau, *Juliana* (Vilafranca de Bonany, 1916-2005), que havia estat cuinera al llarg de 18 anys a la possessió de Sant Martí de Vilafranca, propietat de la família Formiguera i que aleshores reunia si més no els títols del marquesat de Vivot i dels comtats de Peralada i de Formiguera. Contava aquella venerable cuinera que el senyor adesiara baixava a la cuina dels pagesos, a tastar els plats humils carregats de sabor i de saviesa, cansat de les frivolitats dels seus cuiners. L'aplec de receptes de Carme Oliver té el toc de distinció que pertanyia al seu estament social, però també participa de receptes realitzades a partir d'allò que podríem dir d'aprofitament de deixalles animals, com poden ser la baldana de xot, cervells, senyals, llengua, ronyons o peus de porc, tot i que en el procés de preparació puguin presentar trets d'una certa finor diferenciadora.

Pel que fa a l'estructura, conformen el receptari 226 fórmules, dividides en 12 apartats: 7 receptes són d'ous (3,09 %), 28 de llegums i verdures (12,38 %), 4 de macarrons i fideus (1,76 %), 13 de sopes, purés i cremes (5,75 %), 10 d'arrossos (4,42 %), 24 de peix i mol·lusc (10,61 %), 28 de carns (12,38 %), 83 de coques dolces, tortades i pastissos (36,72 %), 9 de gelats i confitures (3,98 %), 7 de pastes —totes dolces— (3,09 %), 3 de salses (1,32 %) i 10 de plats diversos (4,42 %). Si sumam tots els plats dolços amb les confitures, gelats i pastes dolces, ens acostam al 45 % del total; aquesta circumstància permet pensar que Carme Oliver o bé era una apassionada de la pastisseria o bé, potser, que anotava més les receptes dolces, pel fet que necessiten més precisió en les mesures dels ingredients que no les dels plats salats.

Totes les receptes estan escrites en castellà. ¿Com, sinó, podria ser en una terra on no s'ensenyava la pròpia llengua, sinó la de Castella —tret de molt comptades excepcions— tot i que quasi ningú no sabia parlar aquella llengua que s'havia d'introduir, segons Felip V «sin que se note el stres»? Malgrat tot, el castellà de Carme en ocasions és una mica forçat com, per exemple, quan parla de *pimiento stres, escapción*... O simplement substituint la paraula castellana per l'autòctona adient, com *sofrit, trempó, tovar* o *bescuit*, entre d'altres.

El receptari de Carme Oliver és totalment eclèctic. La procedència dels plats és d'allò més diversa: cuina espanyola («Tocino de cielo», «Churros», «Huevos con jamón» i molts més), cuina francoitaliana («Pato a la naranja», «Arroz con stres», «Bechamel» i altres), occitana («Bacalao a la provenzal») i basca («Bacalao a la vizcaina»). I encara s'hi ha d'afegir altres receptes que són pròpies d'àrees geogràfiques concretes d'Espanya, com l'aragonesa «Migas de pastor», l'andalusa «Huevos a la flamenca» o la canària «Bienmesabe», plat molt introduït també a l'Amèrica llatina. A tota aquesta varietat cal afegir-hi els epígrafs que fan referència a altres pobles del món com «Arroz a la milanesa», «Puré inglés» o «Sopa japonesa».

Crida l'atenció, per altra banda, constatar l'absència de plats que són considerats emblemàtics de la cuina típicament mallorquina i popular, com podrien ser les coques salades (de trempó, pebres torrats, verdura, etc.), els rostits (la porcella, especialment), el frit de freixura, el tombet, les burballes, els ciurons i altres llegums com les faves, els fesols o les llenties, entre d'altres. El motiu, molt possiblement, podria ser que Carme Oliver tengués tan ben apreses aquestes receptes més habituals que no necessitàs tenir cap tipus d'anotació. Com més revises el recull més clar veus que ella no escrivia per a la posteritat, ni pretenia fer un manual de cuina, sinó que deixava escrites les anotacions per al seu dia a dia, ja que sovint utilitza qualsevol tipus de paper, fins i tot impresos de telegrames (ella era telegrafista). Precisament pel tipus de paper emprat, hom pot constatar que va realitzar la tasca de compilació, sobretot, els anys trenta, perquè entre aquests papers, a més d'impresos de telègrafs, hi ha retalls de diaris de l'època amb anotacions, llibrets amb receptaris («Los huevos. Las 125 mejores recetas para cocinarlos», de G. Bernard de Ferrer, editat a Madrid el 1936), un full de classes de cuina realitzades el 1936 al saló Rialto i fullets de propaganda de medicines amb una recepta escrita al darrere.

El receptari aporta dades molt interessants a mesura que es van esmicolant les receptes, d'una en una. I fins i tot alguna sorpresa. L'arròs amb ostres, n'és un exemple. És evident que aquest no podia ser un plat popular, perquè poca gent tenia accés al consum d'ostres; a més, la quantitat d'aquest mol·lusc per persona (una dotzena) palesa que la recepta només era a l'abast de famílies acomodades. Sembla clar que la cuina de Carme Oliver pertany a una societat elitista que empra ingredients pràcticament desconeguts o inaccessibles per part de les famílies més humils, com poden ser les mateixes ostres i les trufes, o que té un accés il·limitat a béns migrats com el sucre, la carn i la farina, que avui semblen universals però que no ho foren en el passat.

Són moltes les curiositats que es desprenen del receptari. La utilització del saïm de porc i de vaca, no tant per necessitats econòmiques sinó per la seva aportació de sabor; la presència de només dues receptes de caça («Tordos con salsa símil» i «Sivé de conejo»); la contribució d'una fórmula per preparar un *ceregumil* casolà, un complement alimentari i energètic —força conegut a la primera meitat del segle xx—, tot fet amb ingredients naturals, a partir de llegums i cereals, o una recepta per preparar un cacau soluble que denomina «Phoscao», predecessor del famosíssim Cola Cao. Hi ha plats amb ingredients quasi perduts per complet (les atzeroles, a tall d'exemple, una fruita que s'està convertint en inabastable) o simplement desconeguts a la cuina actual, com l'ordi perlat. La utilització freqüent de mesures de pes en desús, com les unces i les lliures, que han estat substituïdes pel quilo, unitat base del sistema internacional d'unitats, així com l'aportació d'algun remei casolà (brou vegetal) per combatre la diarrea. També sorprèn l'ús de brous concentrats —Maggi, per exemple—, perquè creiem que són recents, quan els petits daus de brou començaren a comercialitzar-se el segle xix, i la utilització del llevat ràpid en pols o també el *baking*, un hidrogencarbonat que emprava en alguna de les fórmules. Resulten interessants algunes receptes com la de les «Cocas reisonas», per exemple, a les quals l'autora afegeix el lloc de procedència, Porreres, i una data, «3 de enero de 1939, III año triunfal» (el toc d'adhesió al règim era l'habitual en aquell moment, al marge d'ideologies). I per cert, aquesta coca «reisona», havia de ser monumental, en virtut de la quantitat descomunal de cada un dels ingredients: 5 lliures i mitja (uns 2,5 quilos) de farina, 10 ensaïmades, 4 lliures de patata, 1 lliura de saïm, 1 quilo de sucre...

Carme Oliver utilitza sovint genèrics per denominar els seus plats: coliflor, espinacs, bacallà, peix o albergínia, sense cap tipus d'adjectiu que les qualifiqui. Hi ha receptes que donen pistes de la procedència: «Cocinero Vila», «Francisca», «Maria Ramis», «Casa Muntaner»... Uns plats venen molt detallats pel que fa a ingredients i procediment; en d'altres, deixa sobreenteses quines han de ser les mesures i la preparació, habitualment senzilla.

En definitiva, un receptari apassionant, molt en la línia d'altres de l'època publicats o estojats en llibretes, no solament per l'aportació que fa a la gastronomia —sempre hi ha novetats a descobrir— sinó també, i sobretot, pel retrat d'una època i d'unes famílies (Oliver i Espinosa) entorn de les quals es va desenvolupar una part important de la nostra història, des de la Primera República fins a la postguerra. És, ben mirat, el retrat dels gustos gastronòmics del batle de Palma, Gabriel Oliver Morey, i família, de la mà de la seva filla Carme, bona aficionada a treballar entre fogons, amb un receptari que ens aporta també dades d'un temps i d'un país. Com tal vegada diria santa Teresa, la cuina i la cultura d'un poble també es poden descobrir entre cassoles.

Carme Oliver d'excursió a sa Calobra amb els seus nebots Oliver (Joan, Margalida i Francesca) i les seves famílies, *c.* 1955. Carme és la segona per la dreta.

Carme Oliver, a l'esquerra, passejant pel Moll Vell de Palma amb la seva amiga Antònia Muntaner.

Dinar de jubilació de Carme Oliver, que està asseguda a l'esquerra de la presidència. Carme es jubilà de telegrafista el 16 de juliol de 1951.

Carme Oliver engronsant les seves renebodes Joana Maria Oliver Cabot (a l'esquerra) i Francisca Trobat Oliver (a la dreta), a s'Arenal, prop de l'hotel San Francisco (que apareix al fons), c. 1954.

RECEPTARI

1. OUS

Huevos raquel

Pondremos cinco claras con una gota de vinagre para que se cuajen en dos moldecitos untados de mantequilla al baño de maría; en otros dos cuajaremos las yemas con dos cucharadas de leche y dos granos de almidón; todo bien mezclado, el almidón desleído en la leche caliente. Mientras se cuecen y luego se enfrían bien cortaremos dos trufas en láminas que habrán dado un ligero hervor en unas gotas de jerez y también en lonchas finísimas un poco de foie-gras. Cortaremos con cuidado también en rajitas las claras y las yemas. Arreglaremos en una fuente todo esto poniendo una rueda de las yemas otra de paté, otra de clara y sobre esta la trufa, al lado de este pastelito formaremos otro a la inversa y así los demás. Entre los huevos unas tiritas de jamón crudo y sobre los pastelillos unas cucharadas de salsa española espesa con un poco de jugo. Puede tomarse frío cubriéndolo con salsa tártara u otra o con ninguna.

Huevos a la reina

Se pica un poco de carne y se fríe, al estar fría se mezcla con un huevo. Se cogen unas tazas empapadas de manteca, perejil cortado bien pequeño y galleta picada. Se pone una cucharadita de pasta en cada taza, se rompen los huevos y se coloca también uno en cada taza con un poco de sal y se cuece al baño María, al sacarlo a la mesa fuera ya de las tazas, se les pone encima salsa de tomate.

Huevos a la flamenca

En cuatro moldes o en tacitas de café untadas de aceite se parten cuatro huevos y se ponen al baño María, hasta que estén duros. Con un huevo se hace una mayonesa a la cual se incorpora la clara batida a punto de nieve.

Una vez duros los huevos se quitan del molde y se colocan en una fuente, poniendo encima cada huevo dos tiras de pimiento formando cruz y en el centro un guisant, cogido todo ello con un palillo. En el fondo de la fuente se pone la mayonesa.

Huevos a la sorpresa

Se parten dos panecillos de Viena por medio y en cuatro trozos se pone mantequilla y la yema del huevo con la sal correspondiente, se baten las claras a punto de nieve, colocándolas encima, se pinchan con piñones y se fríen hasta que estén dorados, lo cual se obtendrá echándoles con una cuchara el aceite por encima, seguidamente se sirven, antes de que se bajen.

Huevos sorpresa

Por el extremo menos puntiagudo del huevo se hace un pequeño agujero y con un palillo se rompe la yema mezclándola con la clara, por este orificio se introduce un picadillo hecho con jamón previamente rehogado, menudillos de ave ternera o lo que se tenga a mano, un par de trufas y la sazón a gusto. Después de rellenos los huevos se colocan con cuidado en una cacerola con el extremo agujereado hacia arriba y poniendo entre cada uno para que queden bien juntos y no se muevan unos trapos blancos muy limpios, llena la cacerola de agua fría se acerca al fuego y cuando empieza a hervir por todos lados se retira, se tapan los agujeros cuidadosamente con un pegotito de engrudo y se sirven entre los dobleces de una servilleta de encaje sobre una bandeja de plata u otro metal fino.

HUEVOS CON JAMÓN

Se cuecen lo huevos hasta que estén bien duros, se quita la cascara, y se cortan a rodajas y se colocan en una fuente. Encima de los huevos se ponen unas lonjas de jamón, se cubre luego con una bechamel y sobre ésta una capa de queso rallado y se mete un ratito en el horno.

TORTILLAS RELLENAS

Se baten los huevos bien batidos. En una sartén se pone un poco de tomate, jamón en trocitos pequeños y un poco de carne magra; todo se sofríe. En otra sartén se pone aceite y unas cucharadas del huevo batido, y que se cuaje. Luego se ponen en una tabla y encima un poco de relleno y se envuelve en forma de tortilla francesa, se colocan en una fuente y por encima se coloca la salsa de tomate y queso rallado y se pone un ratito a horno.

2. LLEGUM I VERDURES

FLAN DE CALABACÍN

Se monda el calabacín y se corta a pedacitos muy pequeños y muy finos y patatas cortadas igualmente finas. Se pone en una cazuela con manteca y pedacitos de jamón a fuego muy lento hasta que se funda. Se le pone un poco de leche y se quita del fuego. Se unta de manteca un molde liso y se espolvorea con galleta picada. Al estar la pasta del calabacín medio fría se le echan unos huevos y se mezcla. Se echa en el molde y se mete en el horno.

MENESTRA DE GUISANTES

Se hierven los guisantes en una cazuela, se pone una cucharada de manteca, se corta un poco de ajo tierno y se pondrá una cucharada de harina, y cuando se ha meneado, un poco de sal, añadiendo un poco de leche, meneando hasta que esté ligado y últimamente se pondrá un rato dentro el tambor.

Menestra de habichuelas

Una cucharada de manteca, cebolla cortada pequeñita y un ajo, se cuece, añadiéndole un poco de harina y luego leche; cuando está desleído se le ponen las habichuelas, hervidas antes, y cortaditas en trozos pequeñitos y dos yemas huevo; mejor si con la cebolla se pone también jamón.

Alcachofas rellenas

Se hierven y se las vacía un poco y con lo que se quita se hace una bechamel con guisantes, se las rellena y pone por encima chara a punto de merengue; se pone un poco en el horno y aparte se hace una salsa a la española o bien una menestra clara con guisantes, y a lo último se deja hervir todo junto muy despacio.

Alcachofas con naranja

Se limpian las alcachofas y se cortan a trozos, se ponen en una cazuela con aceite, zumo de naranja, sal y especies, se deja cocer a poco fuego meneándolas, y se sirven con esta misma salsa que han cocido.

Coliflor

Se hierve la col, se deja al calor compuesta en un plato. Se fríe en mucho aceite un ajo cortado menudo, alcaparras, una cucharada de harina y un poco de leche, toda esta pasta se echa encima de la col, cuando se va a servir.

Coliflor, otra receta

Se cuece la coliflor, se pican patatas hervidas, al picarlas se les mezcla un poco de mantequilla, la pasta se coloca en un plato en forma de rollo y en el centro se pone la coliflor cubriéndola con una bechamel y mantequilla; por encima se pone un poco de queso rallado, y al horno un ratito.

Coliflor a la pompadur

1 coliflor.
1 trufa.
400 grs. patatas.
2 huevos.
75 grs. mantequilla.
15 grs. queso de Parma rallado.
25 g de harina.
Un cuarto de litro de leche.
Dos cucharadas puré de tomate.

Coliflor a la romana

Se pondrán ramitos de coliflor a hervir con agua y sal se machacará una cebolla y un poco de perejil y se freirá, después se pondrá un poco de harina, un poco de leche y una yema de huevo; se coloca en un plato una capa de col y una de la pasta, dándole buena forma y haciendo que la última capa sea de pasta, colocando sobre ella una clara de huevo batido y galleta picada, se pone en el horno o en el tambor hasta que tenga color.

Buñuelos de coliflor

Se hierve la coliflor en agua y sal, se escurre bien, se echa en un plato y se aplana, añadiéndole un huevo mezclándolo todo con harina y un poco de agua, muy poca, se trabaja bien la pasta y se fríen a cucharaditas cuidando que tome bonito color. Se sirven en una fuente, adornándolos con perejil.

[Coliflor con patatas al horno]

Se cuece la coliflor que no sea muy cocida, se pican patatas hervidas, al picarlas se les mezcla un poco de mantequilla. La pasta se coloca en un plato en forma de rollo, y en el centro se pone la coliflor cubriéndola con una bechamel y mantequilla, por encima se pone un poco de queso rallado, y al horno un ratito.

[Judías con tocino]

Se hierven las judías y se sofríen unos trocitos de tocino, luego se añaden unos ajos picados con un poco de perejil picado también y se sofríe hasta que estén dorados; luego se le pone una cucharada de harina, y cuando está bien mezclado y con buen color se echa en la cacerola que hay las judías y de deslíe y se deja cocer un rato, sirviéndose después.

Granada de judías

Se hierve una libra de judías tiernas, se cortan en trozos pequeñitos y se sofríen con manteca, se machaca en el mortero una miga de pan mojada en una medida de leche, un trocito de jamón y un poco de corteza de limón; se mezcla esto con las judías y cuatro yemas de huevo y con las claras batidas y la leche, las especias que se quieran, al gusto de quien lo haga, colocándose todo en el molde.

Granada de habichuelas

Se hierve una libra de habichuelas y se cortan en trocitos pequeños y se sofríen con manteca. Se pica en el mortero una miga de pan mojada en una medida de leche, un trocito muy pequeño de corteza de limón y un poco de jamón, agregándole cuatro yemas de huevo y la leche, mezclándolo con las habichuelas. Se les pone especias al gusto de cada cual, y luego, antes de ponerlo en el molde, se les ponen las cuatro claras bien batidas.

Granada de berenjenas

se corta la berenjena en pequeños trozos después de quitarle la piel, se corta también un pimiento tostado y se fríe todo con sal y especies; se hace aparte con carne picada y un huevo, pasta de pelota, se coloca en derredor del molde tajadas de berenjena fritas y de pimiento tostado alternando, luego se pone una capa de berenjena, una de carne y una de *aioli* entre las dos alternando así hasta que esté el molde lleno y así se coloca media hora en el horno.

Otra granada de berenjena

Se corta la berenjena trocitos pequeños, lo mismo que la carne, jamón, sobrasada y demás, se fríe todo y cuando está ya frío se le mezcla un huevo y se coloca en el molde que estará ya untado de manteca y cubierto con lonjas de berenjena frita y pimientos tostados, dejándolo también media hora en el horno.

Berenjenas

Se cortan las berenjenas a tiras largas cuadradas, se ponen con sal a escurrir unas horas. Luego se lavan y se fríen pasadas por galleta y huevo, colocándose en una cazuela.

Se fríe cebolla hinchada fina y cuando está doradita se le agregan unos tomates, un diente de ajo, un poco de perejil picado y una tacita de leche, sazonándolo con sal y moscada, todo se vierte sobre las berenjenas poniéndolo a cocer lentamente en el hornillo. Se pican unas cuantas almendras tostadas y se aclaran con un poco de leche colocándola también sobre las berenjenas y dejándolo cocer un ratito más.

Berenjenas a la romana

Se cortan las berenjenas en rajas no muy gruesas a lo largo y se fríen, sobre cada tajada se coloca una capa de pasta de croqueta que puede ser de carne o de verdura y se cubre con otra tajada de berenjena pasándolas por huevo batido y por galleta friéndola, se sirven con *aioli*.

Espinacas

Se quitan los troncos, se ponen a escurrir con sal. Se hace un *sofrit* en una cazuela y se dejan cocer allí las espinacas a fuego lento. Se unta un molde de manteca y se espolvorea de galleta picada. Se hacen huevos revueltos. Se ponen las espinacas en el molde, y en el centro los huevos. Se ponen un rato al horno.

Otras espinacas

Se preparan las espinacas como las anteriores pero en lugar de ponerlas en molde se colocan en una fuente. Se tienen huevos duros, se parten por la mitad y se les sacan las yemas. Estas se machacan en un colador ancho y se van colocando sobre las espinacas (parecen huevos hilados) luego se colocan los huevos rellenando el hueco de la yema con mayonesa espesita.

Patatas argentinas

Hervir un kilogramo de patatas a las que se agregan dos cucharadas de manteca derretida una vez que estén frías, y media taza de leche caliente, una cucharada de apio, una cebolla y una de pimiento dulce (esta verdura bien picada) con sal y pimentón, todo bien mezclado se pasa por la máquina de hacer puré procurando no estropear el aspecto de arroz con que sale todo esto de la máquina. Lo dispondréis en forma de cucurucho y antes de servirlo se espolvorea bien con perejil picado menudamente.

Patatas a la crema

Se ponen en una cazuela las patatas cortadas a rajas redondas cubriéndolas con leche, un poco perejil y un ajo cortados muy pequeño, un poco de sal, se rocía con aceite y se cuece a fuego lento.

Suflé de patatas

Las patatas hervidas se machacan en el mortero en caliente. Se mezclan con yemas de huevo, queso rallado, mantequilla y leche. Se deja enfriar y luego se le añaden las claras batidas a punto de nieve. Se unta un molde bajito con manteca o mantequilla y se pone dentro la pasta y encima un poco de queso rallado y se mete en el horno, debe estar unos quince minutos.

BUÑUELOS DE PATATA

Se hierven las patatas y luego se pican en el mortero, se le añaden unas yemas de huevo según la cantidad y luego una clara bien batida a punto de merengue, se fríe a cucharaditas en aceite bien caliente y abundante. Se emplean para adornar los fritos.

PUDIN DE PATATA

Una libra de patatas, se pelan y se hierven, después se machacan en el mortero estando aun calientes. Se pone en un plato, media libra de azúcar, dos yemas huevo y una copita de coñach mezclándolo con la pasta de las patatas y añadiendo las dos claras de los huevos batidas, se coloca todo en un molde que tenga unos dos dedos de alto y este untado de manteca y se pone al horno. Se conoce que está cocido cuando metiendo un palillo sale bien limpio.

PATATITAS

Se doran con un poco de manteca, luego se fríe un poco de cebolla forastera y longaniza o sobrasada, se les echa agua o caldo y un poco de vino. Se deja cocer y al final se les pone un poco de pan rallado y perejil picado y que den un hervor.

3. MACARRONS I FIDEUS

MACARRONES A LA ROMANA

Se sofríe en aceite gambas, sepias, calamar, todo cortado a pedacitos, luego se corta muy fina bastante cebolla y tomate añadiéndose al pescado con un trozo de corteza de limón, cuando está frito se ponen algunas cucharadas de vino seco. Se tienen los macarrones hervidos y se colocan en una fuente que resista el fuego una capa de sofrito, una de macarrones y otra de queso rallado y se pone un rato al horno.

Macarrones a la bechamel

Se hierven los macarrones en agua y sal, se escurren. Se hace un picadillo de carne de cerdo y jamón y se sofríe con manteca y un poco de mantequilla, con bastante cebolla y tomate, un poco de nuez moscada y especies al gusto de cada cual. Se hace una bechamel y se le pone una yema de huevo. Se ponen los macarrones en el picadillo y se colocan en una fuente que resista el fuego, encima se pone una capa de queso rallado y un poco de mantequilla, y encima la bechamel cubriéndolo con la clara de huevo batida a punto de nieve, y se pone un rato al horno.

Macarrones secos con verdura

Se hierven los macarrones con agua y sal y un trozo de cebolla, se escurren, se hierven guisantes, trocitos de alcarchofa, habas tiernas y las verduras frescas de que se disponga, se escurren también, se hace una salsa de tomate, cebolla y un ajo y se mezcla con los macarrones y la verdura, colocándolo en una fuente, encima se pone queso rallado y una clara de huevo batida a punto de nieve y un rato al horno.

Fideos de fraile

Se cuecen los fideos gruesos con agua, sal y media cebolla, se escurren, y se mezclan con una salsa de tomate que se ha hecho de antemano con una cucharada de aceite y una de manteca, especies al gusto de cada cual, se coloca bien mezclado en una fuente, poniendo encima una crosta de queso y huevo bien batido, teniéndolo un rato al horno.

4. PURÉS, SOPES I CREMES

PURÉ INGLÉS

Se fríen diez céntimos de piñones, diez de almendras y docena y media de nueces, después de frito se machaca en el mortero y se pasa por un tamiz que no sea muy claro ni muy espeso, mojándolo con caldo de puchero y haciéndolo más o menos claro según el gusto de cada cual. Se hacen unas albondiguillas de carne magra y jamón poniendo los huevos necesarios para que la masa no sea muy espesa, se fríen y al ir a servir la sopa se echan las bolitas en el caldo.

PURÉ DE JUDÍAS

Se hierven un quilo de judías, previamente remojadas, con una zanahoria y un nabo cortados a rebanadas, sal, pimienta y el agua necesaria. Se deja hervir durante cuatro horas y después se pasa por el colador. El puré que resulte a poner en una cacerola adicionándole dos cucharadas de manteca y nata suficiente para que espese. Sírvase caliente con trocitos de pan tostado y un poco de perejil picado por encima.

PURÉ DE TOMATES

Pártanse los tomates por en medio, quíteseles el agua y las semillas, colóquense enseguida en una cacerola una lonja de Tocino, desperdicios de carne, y hasta menudillos o caparazones de aves, una cebolla y una zanahoria cortadas en filetes, un clavo de especies y un poco de apio; pónganse encima los tomates y hágase cocer en la hornilla a fuego lento, cúbrase la cacerola y cuando los tomates estén bien cocidos y no queda agua se mojan con buen caldo y se hacen hervir a fuego lento, después se quita la carne y se pasan los tomates por el tamiz.

Puré vegetal

Patatas, zanahorias, calabacín, *totes herbes*, se hierven. En la sartén se fríe tomate, cebolla con algunas especies. Se echan en el caldo y luego se cuela. Se le pueden añadir verduras de las que hayan en la época que se haga, cuanto más variadas sean estas mejor será el caldo.

Elíjase una coliflor bien blanca, se corta el tronco y se cuece hasta que esté tierna haciéndolo a fuego lento para conservarla entera, a continuación se escurre y se coloca en una fuente que resista el fuego, dándole lo más posible su forma primitiva.

Cuézanse las patatas con agua y sal, se escurren y se pasan por un tamiz, se ponen en una cacerola, se añade una yema de huevo y 20 grs. de mantequilla, se sazona con pimiento y nuez moscada, se mezcla bien para obtener un puré bien fino.

Derrítase 40 grs. de mantequilla, se añade la harina, la leche y el puré de tomate, se sazona con sal, pimienta y nuez moscada, se revuelve con un batidor y se cuece a fuego lento unos 20 minutos, se le incorpora una yema de huevo y la trufa picada. Con el puré de patatas se forma un cordón alrededor de la coliflor dándole la forma de nido.

Se cubre la coliflor con la salsa, se espolvorea con el queso, se rocía con la mantequilla restante derretida y se pone al horno hasta que tenga color dorado.

Sopa de hierbas frescas

Se cortan a trocitos delgaditos y larguiruchos calabazas, zanahorias, coliflor, col, patata, apio, nabos, cebolla y tomate. Se cuece con agua, sal y especies en una olla y después se le añade aceite cuando está ya casi cocido, si se quiere pueden añadirle unos tubitos de caldo Maggi. Se sirve con trocitos de pan frito.

Otra sopa

Se ponen unos tubitos de caldo Maggi con agua y se mezclan con unos huevos batidos meneándolo bien para que con el calor del caldo no se *trien*. Luego se le añade unas tostaditas de panecillo con mantequilla y se sirven.

CALDO VEGETAL

Avena del país.
Lentejas.
Judías blancas.
Garbanzos.
Habas.
Trigo.
Ordi perlat.

Todo se hierve en cuatro litros de agua y tiene que reducirse a 1 litro y medio, luego se le pasa por el tamiz y se toma una taza.
Se toma este caldo cuando se tiene diarrea.

SOPA JAPONESA
Se hace un puré de judías blancas, al que se agregan dos o tres cucharadas de salsa de tomate que haya cocido bastante, pero que esté clara, se va echando el caldo de pescado o de verduras, y muy caliente se vierte todo sobre seis o más huevos escalfados de antemano en agua y sal, bien recortados para que no tengan barbas y colocados en una cacerola plana de porcelana de las que resisten al fuego, en la misma se sirve después de haber echado unos picatostes de pan frito cortados con igualdad.

SOPA DE CALDO MAGGI
Por persona, un plato de agua y un cubito de Maggi y una cucharada de tapioca.
Se cuece la tapioca con agua sin sal y luego se le añade el Maggi y un poco de jamón a trocitos pequeños y un huevo fuerte a trocitos y se sirve.

SOPA DE CEBOLLA

En una cacerola con aceite se rehogan unas cebollas cortadas finamente, sazónense con sal y póngase el agua necesaria, después que haya hervido unos momentos, échense unas rebanadas de pan tostado y sírvase caliente en una sopera.

CREMA

Por una medida de leche se ponen dos yemas de huevo, canela, cáscara de limón, o naranja, el azúcar que necesite, y un poquito de almidón desleído en un poco de leche, se coloca todo en una cacerola y se pone al fuego, meneándolo siempre con una cuchara, asi que rompe el hervor se quita y se vierte en un plato y se sirve cuando esté ya fría.

OTRA CREMA

Por cada medida de leche se ponen dos yemas de huevo, dos onzas de azúcar, una cucharada de las de sopa de almidón inglés, un poco de canela y bien mezclado se pone en una cazuela al fuego, meneándolo siempre, hasta que rompe el hervor, quitándolo del fuego enseguida, poniéndolo en los platos que debe servirse. Encima se coloca una capa de azúcar (cuando esté ya fría la crema) y con una espátula de hierro ardiendo se quema, y luego se sirve.

CREMA DE NARANJA

Por cada taza de zumo de naranja se ponen dos yemas, un terroncito de almidón y azúcar a gusto y se cuece hasta que esté a punto.

CREMA DE ALBARICOQUE

Por cada taza de agua, un albaricoque, una cucharada de harina de arroz y azúcar a gusto, se cuece hasta que esté a punto.

5. ARROSSOS

ARROZ AL HORNO

colóquese en una cazuela aceite, patatas, perejil picado, tomate, un diente de ajo machacado y un poco de pimentón; para cada persona se pone una jícara de arroz y dos de agua, se ponen garbanzos que ya estén cocidos y un poco de aceite por encima y se manda al horno.

ARROZ A LA MILANESA

en una cacerola se sofríe con aceite, cebolla, ajo y tomate, después se le echa jamón en cuadritos, y el arroz, se le da unas vueltas hasta que se dore, se le pone las especies a gusto y se le pone el agua que se tendrá ya hirviendo, se deja cocer unos quince minutos, se retira del fuego y se deja reposar cinco minutos y luego se sirve.

ARROZ CON POLLO

con el aceite necesario, en una cazuela o cacerola se rehoga un pollo hecho a pedazos, junto con una cebolla cortada a rodajas, cuando la cebolla empiece a dorar, se añade un cazo de agua caliente y un vaso de vino rancio, la sal, jamón cortado muy menudo, pimienta, dos dientes de ajo, especies, una ramita de perejil y unos tomates sin piel, previamente escaldados. Una vez cocido o casi ablandado el pollo (lo que se averigua hincando las puntas del tenedor en una de las piernas), se echa el arroz, dándole dos o tres vueltas con la cuchara para que se rehogue por igual, y cuando lo esté, se agrega el agua hirviendo necesaria, dejándose cocer sin tapar, hasta que el arroz suelte sus granos, y el caldo quede lo suficientemente reducido. Para evitar que los granos se quiebren hay otro procedimiento, que consiste en echar antes el agua hirviendo, y después del primer hervor el arroz.

Arroz puchero

en una cacerola con aceite se rehogan a fuego lento una cebolla cortada finamente, perejil, un diente de ajo y tomates sin piel, y si se quiere jamón, y pimientos cortados a pedacitos; luego se echa el arroz, dándole dos o tres vueltas, unos hilos de azafrán tostado, y últimamente el caldo del puchero muy caliente, con una taza más de la indicada para que resulte una sopa caldosa.

Arroz con bacalao

en una paella, con aceite que cubra la superficie, se sofríe un poco de tomate y trocitos de coliflor o cuadraditos de patata o alubias tiernas según la época y el gusto del comensal. Antes de que dore se echan los trocitos de bacalao, seco, bastante desmenuzados. Si se quiere puede tostarse este bacalao un poco antes, con lo cual perderá algo de la salazón. A punto de dorar todo esto se añade el arroz y se sofríe también breves momentos, añadiendo agua en proporción de dos medidas y media por una de arroz. Pruébese de sal para ver la que soltó el bacalao y añádase si falta hasta el punto que guste, echando un polvillo de azafrán tostado o una cucharilla de pimentón. Hiérvase a fuego vivo, y cuando el caldo haya menguado, quítese fuego, dejando que el arroz se ponga en su punto. Puede hacerse lo mismo sustituyendo el bacalao por anguilas.

Arroz con calamares

se pone aceite en una cazuela, se fríen pimientos en tiras y se apartan. Luego se fríen los calamares que deberán ser de muy pequeño tamaño, en el mismo aceite, y si se quiere que el arroz resulte verdaderamente sabroso se incorpora el contenido de dos bolsas de tinta de dichos calamares, que se habrán guardado a prevención, enteras y bien limpias, con todo esto se fríen ajos tiernos, guisantes y la pulpa de un tomate. Entonces se añade el arroz y se sofríe dándole cuatro o cinco vueltas. Mientras tanto se habrá picado en el mortero perejil, azafrán y unos granos de pimienta. Se añade agua al mortero para desleír la mezcla y este caldo se vierte sobre el arroz que está sofriendo en la cazuela. Después de revolver con la paleta dos o tres veces se añade el agua en la doble cantidad o un poco más que de arroz, si se quiere que salga caldoso.

Arroz fresco

se hierve el arroz con agua y sal, se escurre y se fríe con aceite, antes de quitarlo del fuego se le añaden unas cucharadas de ajoli. En un molde se coloca una capa de tomate, cebolla y pimiento tostado con aceite y sal, luego una capa de Arroz, una de aioli y alternando, se pone el molde al horno y al sacarlo se adorna el plato con aioli y *trempó* del que se puso al arroz.

Arroz con ostras

poner a escaldar las ostras que se quieran, en proporción de tres docenas para 250 gramos de arroz. Hay que rehogar en aceite una cebolla sin dejar que se dore y entonces se añade el arroz, que deberá ser rehogado también, moviéndolo convenientemente. Añádase entonces, en proporción de tres medidas por una, el cocimiento de ostras y caldo de pescado. Cuando haya hervido un poco debe moderarse la lumbre hasta que el arroz quede en su punto. Casi seco, el arroz se saca y se sirve en unión de las ostras.

Las ostras pueden servirse en el arroz de dos maneras; escaldadas y separadas de sus conchas, se cuecen en una cazuela con cebollita trinchada, un poco de vino blanco, mantequilla y perejil trinchadísimo. La otra forma de ostras es dejadas en la misma concha, espolvorearlas con pan rallado, ajo, perejil picado, pimienta y zumo de limón; al horno un rato. Las ostras sueltas se sirven encima del arroz; las otras separadas del arroz.

Arroz blanco

Por una libra de arroz nueve cucharones de agua, cuando hierve se pone el arroz y sal, al ir a reventar se quita del fuego, se le pone una cucharada de manteca y se deja en el hornillo hasta que forme *crosta*, se saca y se sirve con huevos fritos.

OTRO ARROZ BLANCO

Se hierve el arroz con agua y sal, se escurre y se limpia con agua. Se sofríe en una sartén con manteca y se coloca en una fuente formando un rollo en cuyo centro se coloca menudillos arreglados con cebolla y especies y un poco de tomate, al rededor del arroz se pone salsa de tomate.

6. PEIX I MOL·LUSC

PASTEL DE PESCADO

Para un cuarto de quilo de pescado se necesitan tres huevos y tres tomates regulares. Es preferible la lubina o merluza que se cocerá con agua y sal, al estar cocido el pescado se limpiará de espina y pellejo, enseguida se agregan los huevos bien batidos y todo mezclado se pone en un molde que se prepara de ante mano con manteca de vaca, se pone el molde al baño María y cuando esté a medio cuajar se mete en el horno. La salsa debe cubrir el molde y sobre este se colocan alcaparras.

PURÉ DE PESCADO

Se hierve pescado pequeño variado, con sal, tomate, un poco de cebolla, perejil, un diente de ajo, y una cucharada de arroz, hasta que esté bien cocido. En una cacerola se sofríe cebolla, tomate, y se le ponen especies al gusto de cada cual, y luego se le echa el pescado y el caldo, se deja hervir todo junto y antes de servirse se pasa por el colador desmenuzando bien el pescado. Se sirve con crostones de panecillo frito.

SUFLÉ DE PESCADO

Se hierve el pescado, se le quita las espinas, y se machaca, se le ponen especies al gusto de cada cual, se le añade mantequilla, yemas de huevo, un poco de pan rallado y leche, se mezcla bien y luego se le ponen las claras batidas a punto de nieve y se mete en el molde untado de manteca, se pone en el horno unos quince minutos.

SALMONETES AL CORAL

Se limpian, y quitan las espinas y separan los hígados. Los salmonetes se ponen en una asadora con finas hierbas, apio, perejil, laurel, cinco gramos de pimienta negra, dos dientes de ajo, aceite y un poco de agua, se mete en el horno y de vez en cuando se echa de esta salsa por encima los salmonetes a fin tomen bien el sabor. Un rato antes de estar del todo cocidos se ponen también los hígados, para que cuezan, luego se sacan, se pican y se mezclan con un ajoli que se achara con un poco de leche; se colocan los salmonetes en una fuente con unas rodajas de tomate y se le echa encima el ajoli; sirviéndose después.

BACALAO

Se hierve el bacalao y se hace pedacitos; se hace una masa de agua fría, harina y sal, se bate una clara de huevo, se unta el bacalao en dicha clara y después en la masa y se fríe en aceite; se hacen tajaditas de panecillo francés y se untan lo mismo.

BACALAO A LA PROVENZAL

Se hierve el bacalao y luego se pica y se sofríe en la sartén con aceite y ajos cortados en trocitos pequeños, luego se le pone harina y se le va añadiendo leche y especies al gusto, haciendo una pasta de croqueta no muy espesa; cuando está fría se le ponen las yemas de huevo y se coloca en un molde en el que se ha puesto un poco de aceite y galleta picada, luego se pone encima claras batidas y perejil cortado pequeñito, y se pone en el horno un ratito antes de servirse.

JARDINERA DE BACALAO
Se hierven patatas y se pican mezclando una yema de huevo; se coloca esta pasta según de un molde untado de manteca y galleta picada, después se hierve el bacalao y se pica sazonándolo luego con cebolla, tomate, ajos, especies, añadiendo la clara del huevo batida, se coloca esta pasta en el centro del molde y encima se cubre con pasta de la patata, se pone al horno.

BACALAO CON ESPINACAS
Se hierven espinacas, se escurren y se sofríen con aceite, sal y pimentón. Se hierve el bacalao, se hace trocitos, se pasa por harina y se sofríe. Se coloca en una cazuela una capa de espinacas y una de bacalao y así alternando. Luego se cubre con leche y se pone al horno.

BACALAO A LA VIZCAÍNA
Después de remojado el bacalao, se corta en trozos grandecitos y se escaldan dejándolos unos tres minutos en el agua caliente, después se escurren y se secan con un paño cuidando no se estropeen. Se sofríe mucha cantidad de cebolla forastera, y cuando está bien frita se pasa por el tamiz. Se fríen dos dientes de ajo y unas cuantas almendras y se pican. Se fríen también unos trocitos de tocino, mucho tomate y unos pimientos secos (que se tienen antes en remojo), se les quita la piel, cuando está todo cocido se pasa por el tamiz y se le añade un poco de chocolate rallado, colocándose en una cacerola, y se ponen en esta salsa los trozos de bacalao crudo, debe cocer a fuego lento y teniendo cuidado que no se desmenuce.

Otro bacalao a la vizcaína

Después de remojado el bacalao, se corta en trozos grandecitos, se le escalda y se le deja en el agua caliente unos tres minutos, se saca y se seca bien con un paño cuidando no se desmenuce, se corta mucha cebolla muy menuda y se sofríe en una sartén hasta que esté bien dorada, luego se pasa por el tamiz unas cuantas veces, se sofríen también unos dientes de ajo, unos trocitos de Tocino, mucho tomate, unos trozos de pimiento encarnado (fresco o seco según el tiempo). Cuando está bien cocido se le agregan unas almendras tostadas o fritas bien picadas y un poco de chocolate rallado, todo esto se pasa por el tamiz y se junta con la cebolla añadiendo un poquitín de agua si es necesario. Se pone en una cacerola donde se colocan luego los trozos de bacalao poniéndolo a cocer a fuego lento cuidando no se desmenuce.

Buñuelos de bacalao

Se hierve el bacalao y se pica, se pican azúcar y patatas hervidas y al estar bien machacadas se mezclan con el bacalao, se pone canela y especies, se mezcla con esta pasta una o dos yemas de huevo y las claras subidas a punto de nieve, se fríe a cucharaditas en mucho aceite bien caliente.

Bacalao con salsa de leche

Se corta el bacalao después de estar bastantes horas en remojo a trocitos cuadrados y se pasan por harina, luego se fríen en aceite bien caliente, se colocan en una cacerola y se le echa encima el aceite. Luego se pone leche que lo cubra y se deja cocer lentamente y se le pone una capa de ajoli encima dejando que de un hervor, luego se sirve.

Calamarines rellenos

Se vacían, se machaca un trozo de carne de cordero o ternera, un poco de sobrasada y se fríe, se bate un huevo y se mezcla con esta pasta, de la cual se llenan los calamarines, se colocan después, en una cazuela y con agua, cáscaras de limón, un poco de sobrasada, cebolla y un poco de perejil y especies y así se dejan cocer.

Calamares rellenos

Se corta una cebolla forastera, un poco de perejil, tomillo, dos ajos, un par de patas de calamarines y piñones, todo se pica, se fríe, y cuando lo está se pone pan rallado y un huevo, se llenan y después de cosidos se fríen. Se corta una cebolla forastera, se fríe con tomate, se pone agua y los calamarines cuando están cocidos se mezclan con harina que se tiene tostada y se pone especies de todas clases a la pasta y a la salsa.

Filetes de calamares

Se cortan los calamares en tajadas largas y muy delgadas y se pone con sal, vino bueno, nuez moscada, canela, y demás especies, así se le deja estar algún tiempo y cuando se ha de freír se pasa por galleta, huevo y galleta y se fríe; él mismo en la sartén se va arrollando como un espiral, al tiempo que se fríe.

Filete de calamar

Se limpian los calamares y se hierven enteros con sal. Cuando están cocidos se cortan a rodajas y se ponen en un plato con huevo batido y especies, luego se fríen en aceite bien caliente.

Otro filete de calamar

Se cortan los calamares a lo largo a rodajas (no deben partirse, solo limpiarlos) y se ponen en un plato con huevos batidos, un poco de leche, una pequeña cantidad de harina, sal y especias, conviene separar la clara de la yema y batirlos a parte, luego mezclarlo. Se fríen las rodajas con una cucharadita de pasta.

Sardinas complicadas

Se limpian, descabezan, desespinan y aplanan y se hace un picadillo de miga de pan, leche, pimienta, sal, un poco de ajo y una yema de huevo. Se cortan pimientos morrones encarnados y gordos, dándoles la forma de sardina abierta y aplanada y se coloca un pimiento cortado así entre cada dos sardinas, untadas con el picadillo. Se rebozan en huevo y harina y se fríen.

Otras sardinas complicadas

Se limpian, se escaman, se quitan las cabezas y se parten al medio, suprimiendo la espina. De cada media sardina se forma una rosca y en medio se le pone un relleno de pan, cebolla y perejil picado, humedecido con aceite, riéguese con aceite también el plato, sazónese con sal y pimienta y póngase al fuego manso, bajo tapadera con brasas encendidas, al cabo de diez minutos el plato está para servir.

Almejas a la cubana

Preparadas y abiertas, se hace una fritura de ajos, perejil y cebollas, todo bien picadito, en manteca de cerdo. Cuando esté el frito bien rehogado se incorporan las almejas y se dejan diez minutos. Se sazonan con sal y pimienta y se sirven.

Merluza (*llus*) o raya (*ratjada*) con espinacas

1 kilo espinacas
Una cucharada de cebolla picada
Aceite, sal, pimiento

Se corta el pescado en filetes enharinándolos, y freídlos en aceite. Hervid las espinacas en agua salada, escurridlas, picadlas muy finas y una vez dorada la cebolla en una sartén, echad los filetes y dadles una vuelta con la cebolla. Cubrid con las espinacas el fondo de una fuente preparada para ir al horno, colocad los filetes de pescado frito encima, espolvoread con pan rallado y rociad con aceite, dejando que se dore en el horno unos cinco minutos.

Merluza a la catalana

Hecha trozos la merluza se cuece en una cacerola con aceite, vino blanco, cebolla, ajo picado, perejil y laurel. Al tiempo de servirla se espesa el caldo con migas de pan empapadas de leche pudiendo agregarse un picadillo muy menudo de nuez y almendras.

Pescado (merluza)

Se tomará una merluza grande o dos medianas y se pondrá, una vez limpia y sazonada, en el centro de la *gratinera* para ir al horno (también puede hacerse sin horno sobre la plancha) con una mezcla que en un recipiente se habrá hecho de antemano y que se compone de partes iguales de agua, aceite y leche (una taza de cada), todo bien batido se rociará el pescado durante su cocción con ayuda de una cuchara y se completará el plato poniendo a los lados abundantes ruedecitas de patatas delgaditas que cocerán en el mismo jugo.

Póngase en el último momento ralladura de migas de pan y perejil trinchado por encima del pescado, ramas de perejil en las cabezas de los mismos y unas rajas de limón para adornarlo.

Porcelanitas de langosta

Se hierve la langosta con una hoja de laurel, algunos trozos de cebolla, unos granos de pimienta, y un poco de perejil. Después de hervida se deja enfriar, se pela y se saca la miga, se pica mucho y se pone a hervir con leche y una cucharada grande de queso de bola rallado, cuando ya esté fría la pasta se le ponen trufas, se unta un molde con mantequilla y se llena con la pasta de la langosta, se espolvorea con pan rallado y queso poniendo un poco de mantequilla encima.

7. CARNS

Fiambre de buey

Se parte un trozo de carne a fin de que quede ancho, se machaca un pedazo de carne de cerdo y uno de cordero, se pica luego en el almirez; se pica también un pedazo de jamón y uno de tocino; se mezcla todo con un huevo (o más, según la cantidad de carne), se ponen especias, nuez moscada y sal hasta que esté bien de gusto. Se corta jamón y tocino en tajadas largas que se colocan sobre la carne, luego una capa de pasta y así se van colocando, alternando con la lonjas de jamón y tocino. Se cose y se ata bien apretado, se pone luego en una cacerola manteca, cebolla forastera, una cabeza de ajo, tomate, una *pestinaca*, cinco clavos de clavel, cinco granos de especias, diez céntimos de vino rancio, y se refríe con todo esto la carne de buey, se pone agua que lo tape y tiene que hervir unas tres horas, se saca y se pone en prensa.

Buey relleno

Se coge una tajada de carne de buey y se pone media hora antes con sal, jerez, especias, después se le coloca encima tajaditas de jamón, un huevo fuerte, hecho trocitos, tajaditas de la misma carne, unas miajitas de sobrasada, y si se quiere también un poco picadillo de carne, luego se va arrollando la tajada y y se ata con un hilo poniéndola en una cacerola con manteca y cuando esté dorada se pone agua que la cubra y debe cocer hasta que se haya consumido el agua, quedando con la manteca.

Asado de buey

Se fríe la carne en manteca, después las patatas, se pone la carne en la misma cazuela, se echa un poco de vinagre, dos cabezas de ajo, una o dos escudillas de agua y se deja en el fuego hasta que esté bien cocido.

Bif de buey

Se golpea la carne hasta que se hace una tajada redonda, se componen pedacitos de tocino en tajaditas largas y delgadas, sal y especias, después se enrolla y se ata con un hilo, se refríe y se pone con agua, cebolla, tomate, perejil y unos ajos; se cuela la salsa y se echa por encima, después se hierven patatas, se pican y se refríe la masa en manteca, un poco de leche, se coloca en la palangana y encima la carne con la salsa.

Buey con salsa de vinagreta

Se golpea mucho la carne, se cuece con cebolla, tomate, perejil y laurel, se cuela y se hace una salsa de vinagreta y harina asada. Se ponen especias y pimienta.

Guiso de buey

Se hacen dos tajadas delgadas de carne, se pone una en un plato y encima se colocan tajaditas de tocino, de jamón y de huevo duro y migajas de manteca; se coloca la otra tajada encima y se ata bien con un hilo, se refríe junto con una cebolla y se le pone después una jícara de malvasía. Se cuela antes de servirlo.

Otro guiso de buey

Se fríe la carne cortada delgada, se pone un poco de cebolla con tomate, dos ajos *achafados*, un poco de perejil y un vaso de agua; cuando esté cocido se cuela la salsa, se fríen trocitos de panecillo y pasas, que se componen alrededor del plato, y por encima se echa ajiaceite.

Costillas empapeladas

Se ponen las costillas con sal, especias, pan rallado, perejil, jamón, cebolla tierna, ajos y tomate (cortado esto muy pequeño) y unas gotas de zumo de limón. Se pone a freír con aceite y manteca, haciendo una pasta, las costillas se cubren con una cucharada de dicha pasta en cada lado, se arrollan con un papel y se llevan al horno.

LOMO CON SETA Y PIMIENTOS

Cójase un trozo de lomo y se le hace tres cortes que no lleguen abajo, colocando dentro jamón, tocino y sobrasada, luego se le ata y se le pone en una cacerola, con manteca y las setas. Cuando esté dorado se le cubre de agua y al estar casi sazonado se le coloca encima pimientos tostados hechos rajas y así acaba de cocer.

LOMO DE DAMAS

Se pica carne magra del cerdo en la máquina, se le añade sal, pimienta, un poco de pan rallado, una pizca de nuez moscada, un huevo batido y media copa de jerez. Se cortan en tiras jamón y tocino. En un trapo limpio se ponen una capa de carne, encima, a lo largo, unas tiritas de jamón y tocino, encima otra capa de carne y así, alternando con las tiritas de jamón y tocino. Se hace un rollo, se envuelve en el trapo y se ata o cose. Se hierve durante una hora en agua, a la que se le añade un poco de sal, una hoja de laurel y un poco de jerez. Se sirve frío a rodajas y con patatas fritas.

CRIADILLAS DE CARNERO O CORDERO

Abiertas las criadillas de carnero o cordero, se les quita la primera y segunda tela, y se ponen a cocer con agua y sal, después de escurrirlas se fríen en aceite, volviéndose después a escurrir, se baten unas yemas de huevo con un poco de harina y sal, se mojan y se vuelven a freír estando el aceite muy caliente, se sirven con canela y azúcar.

RIÑONES SALTEADOS

Se cortan los riñones en trozos iguales, se fríen en manteca, luego con la misma manteca que se han freído se fríe una cucharada de harina hasta que tenga color y se le agrega después el caldo necesario para que sirva de salsa (o mejor, la mitad caldo y la otra mitad jerez) y un poco de perejil picado, cuando ha hervido un rato se mezclan los riñones y deben cocer juntos unos tres minutos.

RIÑONES CON CHOCOLATE

Se limpian y se cortan rodajas delgaditas, se ponen en un plato, con chocolate rallado, teniéndose así un buen rato; luego se pone manteca en una sartén y se fríen los riñones mezclándole luego un tomate y sal. Cuando esté casi cocido se añade parejil picado y una copita jerez o vino dulce y así se sirven.

LENGUA A LA ESPAÑOLA

Se mecha una lengua, se pone en una cazuela con un poco de manteca de cerdo, se fríe bastante cebolla y se une a la lengua, dejándolo cocer a fuego lento, con un plato con agua encima de la cazuela.

BUÑUELOS DE SESO

Se hierve el seso y se corta en pequeños pedaços, se baten algunas claras de huevo, y después con agua, un poco de sal y harina se hace una masa que se mezcla con el huevo batido; se mezcla una tajada de seso con una cucharada de masa y se fríe con aceite.

HÍGADO DE CERDO CON CEBOLLA

Córtese el hígado a trocitos muy pequeños y póngase con sal, unas gotas de vinagre y especias, téngase así unos treinta minutos; en una cacerola se fríe con manteca una cebolla picada y se mezcla después el hígado meneándolo y dejándolo cocer poco.

Filetes de hígado de ternera «a la jardinera»

Se hacen filetes de hígado, se rebozan con huevo batido, y después con pan rallado, y se fríen hasta que estén dorados en manteca. En una cacerola se cuecen coles de Bruselas y zanahorias, con agua y sal. Se escurren, se cortan las zanahorias en rodajas, se pasan por la sartén con un poco de manteca. También se freirán un poquito las Bruselas. Hecho esto, se colocan los filetes en el centro de una fuente y alrededor, formando grupitos alternos, las Bruselas y las zanahorias, y se sirve.

Flan de carne

Se pica bien medio kilo de ternera magra a la que se mezcla un huevo batido, un poco de sal, pimienta y nuez moscada. Se prepara un molde liso al que se unta con manteca y galleta picada; se pone en dicho molde de la carne preparada y otra de la siguiente mezcla: tres onzas de tocino cortado a tiras delgadas y aceitunas sevillanas cortadas a trocitos muy pequeños; se pondrán capas alternas de una y otra cosa, procurando que la última capa sea de carne, a la cual se le habrá añadido una copita de jerez. Después de llenar el molde se pone al baño María, dejándolo cocer por espacio de dos horas y media, y al estar cocido se le pone mucho peso, no sacándolo del molde hasta pasadas veinticuatro horas.

Tordos con salsa símil

Se sofríen los tordos y luego se hierven, después de cocidos se vuelven a sofreír, y luego se hace la salsa; se fríen las tripas de los tordos y cebolla y tomate, machacándolo (después de frito) en el mortero; se les pone también una cucharada de harina tostada, se le pone agua y se cola sobre los tordos, que deben cocer un rato en la salsa; se sirven sobre rebanaditas de pan frito.

ALBÓNDIGA

Se pica la carne de cordero y un poco de lomo, se pone un poco de cebolla tierna, perejil, ajo, sobrasada, tomillo, sal, especies, y un huevo, y se hace la albóndiga, se tapa todo de col bien blanca, se ata y se pone a cocer dentro el caldo del cocido. Después se refríen trocitos de patata en manteca, y cuando están así cocidos se pone un tomate tostado y acaba de cocer. Se saca a la mesa la albóndiga rodeada de la patata y la salsa por encima.

BUÑUELOS DE RELLENO

Se pica la carne de gallina con un poco de cebolla, un ajo, perejil y tomate, se fríe en manteca y se sazona de sal y especies, al estar frito se saca, se pone una yema de huevo y se mezcla bien, aparte se bate una clara de huevo o más según la cantidad, se toma una cucharada de la pasta y una de la clara de huevo, se hacen así los buñuelos que se fríen en aceite bien caliente.

FIAMBRE ECONÓMICO

Carne cerdo picada
Carne ternera picada
[Tocino de cerdo a tiras]
Jerez
Especies, sal, huevo y [trufa]
[Manteca]

Se coloca en un molde bien untado de manteca una capa de la pasta y una capa de tiras de tocino, de jamón, huevo duro y trufas.

CANELONES

se cuecen con agua, un poco de aceite, una hojita de laurel, sal, perejil y tomate, después de cocidos se escurren y se colocan sobre un paño mojado, en cada canalón se pone una cucharadita de picadillo, que puede ser de menudos, pollo, hígado o de verdura, luego se arrollan y se ponen en una fuente, cubriéndolos con una bechamel clarita o con salsa de tomate.

Graixonera de peus de porc

Después que estén cocidos los *peus*, *orelles*, *ventresque* y *morros*, se quitan los huesos, se pica todo y se pone en una cacerola (*graxonera*) con la sal y especias necesarias. Se baten algunos huevos y se añaden a la carne picada, mezclándolo bien. Se hace una salsa mayonesa con un trozo grande de pan remojado con leche, y se añade la leche a la mayonesa; se vierte todo en la cacerola y se lleva al horno. Antes de poner la carne en la cacerola se ha de untar ésta de manteca de cerdo.

Embuchado de *escapción*

Se coge un trozo de escapción, se separa el pellejo de los huesos dejándolo unido por un extremo y que forme como una bolsa, la cual se rellena con el siguiente picadillo: se coge media libra de carne picada, se le agrega un diente de ajo, perejil, un poco de tocino y sobrasada, yerbas, mezcla un huevo, una miga de pan y se rellena la escacción. Se cose la abertura y se asa al horno con patatitas pequeñas.

Pato a la naranja

Se desgrasa el pato y se asa con un jugo de ternera oscuro algo concentrado al cual se agrega la corteza de una naranja (o dos) bien limpia y cortada a trozos muy finos, y el zumo de un limón.

Rellenar el pato con naranjas peladas y troceadas sin pepitas, cuando está cocido se retira de la cazuela y se dispone el pato en una fuente, y se pasará la salsa por el chino a la cual se le habrá incorporado el jugo de una naranja y medio limón.

Para servirlo alrededor se le pondrán rodajas de naranja.

Otro pato a la naranja

En una cazuela se hierve el pato hasta que quede sin grasa, al tiempo de la ebullición se le añaden huesos de buey o carne hasta que quede un caldo muy concentrado, también se le pone una corteza de limón y unos trozos de naranja.

Después se escurre, se rellena con naranjas troceadas y sin pepitas y otra vez se pone a cocer dentro del horno, con el jugo que ha derramado del caldo, cuando ya está bien cocido se pasa la salsa por un colador.

Gallina o lomo fiambre

Muerta y desplumada una gallina, y en cliente, se le abre con un cortaplumas, de atrás del pescuezo a la curcusilla, hasta tropezar con los huesos, y separando la carne y pellejo que están adheridos a ellos, se sacan éstos de manera que todo lo de dentro salga fuera, y sólo quede la carne y el pellejo; aparte se pica media tercia de lomo, media de carne magra de buey, media de ternera y media de cordero; se sazona con sal, pimienta, canela y nuez moscada, y se añade un huevo crudo y vino de jerez seco. Se prepara aparte y se pone en adobo la gallina, tiras largas de jamón, tiritas de pechuga de pavo, de gallina, tiras de huevo duro, pedacitos largos de lomo, zanahorias blancas, apio, clavos, clavos de especia (3 o 4), nuez moscada y bastante vino de jerez seco. Se tiene un rato en este adobo, luego se pone la gallina encima de una madera bien limpia, y se va rellenando con la carne picada, tiras de huevo y de lo demás, y se continúa así hasta que esté bien llena. Luego se cose y se pone en una servilleta bien limpia y cosida bien apretada. Se pone en una olla grande a hervir con todos los huesos y restos de la gallina, pata de ternera, el apio y zanahorias y todo lo que haya servido para el adobo, y añadiendo un poco más de vino si se precisara. Se conoce que está en su punto cuando todos los despojos están cocidos. Luego se saca y prensa, y cuando está frío se saca de la servilleta y se sirve hecho rodajas y adornado con gelatina o con huevos hilados.

8. COQUES, TORTADES, PASTISSOS

Coca

Dos huevos batidos. Una jícara de leche. Una jícara de aceite. Media libra de azúcar. Media libra de harina de ensaimada. Una cucharadita de polvos Royal. Todo bien mezclado y de momento se mete al horno.

Coca
(de María Ramis)

1 libra harina.
4 huevos.
½ libra azúcar.
4 onzas manteca.
Un vaso de leche, o sea ¼ litro.

Debe *tovar*.

Coca leche agria

1 libra harina.
1 libra azúcar.
4 onzas manteca.
3 huevos.
1 vaso leche agria.
1 cucharadita bicarbonato.

Todo bien mezclado y se pone en un molde y al horno.

COCA DE PATATA

6 unses de patata.
6 de farina.
4 de sucre.
1 i ½ de saim.
2 ous.
2 ensaimadas crues.
Segons si és l'hivern o l'estiu varia el número d'ansaimadas pues l'hivern s'en hi posarán tres en lloch de dues.

COCAS REISONAS
(Porreras a 3 de Enero de 1939. III Triunfal)

Cinco libras y media de harina, diez ensaimadas, cuatro libras de patata mejor si son viejas, una docena de huevos, una libra de manteca derretida, un kg. de azúcar, dos jícaras de agua y dos de aceite.

Cuando tienen las patatas bien picadas se mezcla con las ensaimadas hasta que esté bien unido; luego se ponen los huevos, el azúcar y la manteca, el agua un poco caliente y el aceite, se hacen las cocas de seguida y cuando sean tovas se cuecen.

COCA CON CHICHARRONES

Se toma un huevo, una jícara de agua, una de aceite y una de manteca. Se amasa todo junto añadiéndole poco a poco harina de empanada hasta que forme una masa bastante fuerte. Por otra parte se tiene preparada una cantidad de chicharrones bien picados y mezclados con mucho azúcar, canela y raspaduras de corteza de limón. Se toma un pedazo de masa aplanándola hasta que tenga el grueso de un duro y se coloca en una plancha, sobre ella una capa de chicharrones, y sobre esta otra de masa y así sucesivamente terminando con una de masa, cuidando que la de abajo y la de encima sean más gruesas que las otras, y luego al horno.

TURRÓN

Se pone al fuego el azúcar (10 onzas por libra de almendra molida) con un poco de agua hasta que se derrite y se le echa la almendra y se menea un rato. Se aromatiza a gusto y si se quiere se le echan yemas antes de quitarlo del fuego. Se vierte en un plato de cristal y se le quema azúcar encima (eso si es de yema). Si es de almendras se puede colocar en cajas y hacer barras.

TURRÓN DE CHOCOLATE

Una libra de chocolate "suchard". Nueve onzas de almendras tostadas, media libra de azúcar glas, media medida de leche, como una nuez de manteca y un almut de nueces.

TURRÓN DE JIJONA

Se escaldan las almendras y se mondan, luego se tuestan y se pican bien. Por cada libra de almendrón se ponen ocho onzas de azúcar, se mezclan bien y se pone zumo de limón y canela amagándolo bien; se coloca esta pasta en moldes apretándola bien, a fin de que quede muy fuerte y así se tiene un mes.

ENSAIMADAS

25 céntimos levadura de cerveza, es decir, 20 gramos.
Un vaso de agua tibia.
Un vaso de azúcar.
2 huevos.

Cuando está la masa se pone un poco de aceite en tres veces dentro del recipiente, poco más o menos una cucharada grande; después se deja reposar la masa unas 6 horas. Y al estar bien se hace la ensaimada y se pone la mantequilla o manteca que crean suficiente y se deja reposar toda la noche, y antes de meterla al horno se espolvorea de azúcar y se cuece.

Observación: en verano no es necesario poner tanta levadura.

Churros

Por dos jícaras y media de agua, media de sal y media de azúcar y se pone al fuego, cuando ya esté caliente el agua se le echa media cucharada de manteca de cerdo hasta que se derrite bien, entonces se le echan dos jícaras y media de harina y se menea bien hasta que esté bien fuerte. Se pone a enfriar, se pasa la pasta por un embudo exprés para esto y se fríe en mucho aceite. Se sirven calientes espolvoreados con azúcar.

Masa para pastelillos

Dos tazas de leche por una de aceite, se pone a hervir con un poco de sal y cuando hierve se echa en una cazuela en la que debe haber un poco de harina y se va trabajando y echando la harina que tome (para esta cantidad se necesita cosa de una libra), se trabaja bien y se deja al calor hasta la hora de hacer los pastelillos para que no se enfríe. Los pastelillos se rellenan de verdura o de picadillo, se untan de huevo y se ponen al horno, también se pueden freír.

Buñuelos de viento

Se pone al fuego un vaso de leche en una cazuela, cuando está caliente se le echa como una nuez de manteca o mantequilla y un poco de sal, al hervir se le echa un vaso de harina buena, al poco rato se aparta echando huevos, tres o cuatro, los que tome. Se pone mucho aceite en una sartén y cuando esté bien caliente se le van echando cucharaditas de la masa; no hay que volverlos pues se vuelven solos. El aceite no debe hervir con demasiada furia.

Otros buñuelos de viento

Harina: 1 onza por un huevo.

Agua: un vaso por uno de harina, o sea se mide con un vaso la harina y se pone igual cantidad de agua.

Manteca: como el grueso de una almendra.
Limón: un trozo de la corteza.
Canela: un poquito en polvo.
Sal: un poquito; la que pueda cogerse con los dedos.

Se pone en una cazuela al fuego el agua, la manteca, limón, canela y sal; al hervir se le agrega la harina moviéndola continuamente hasta que la pasta se separe de la cazuela, y tocándola con un cuchillo quede éste bien limpio. Se deja enfriar. Al retirarla del fuego se pone la masa en un plato y luego al estar frío se le añaden los huevos uno a uno meneando bien, no poniendo uno que el anterior no esté bien mezclado. Luego se fríen.

BUÑUELOS DE ENSAIMADA

Se pone una ensaimada en un poco de leche y cuando está blanda se la mezcla bien y se hace una pasta a la que se añade un huevo batido y un poco de azúcar mezclándolo bien, luego en aceite bien caliente se fríen cucharaditas de la pasta.

FLAN

Media medida de leche.
Dos yemas.
Una clara de huevos.

Se mezclan los huevos con la leche, que ya tendrá el azúcar, o la canela y la vainilla y se pone en el molde, untado de azúcar quemado y cuece al baño María.

OTRO FLAN

Por una medida de leche se ponen dos huevos y dos onzas de azúcar. Se mezcla el azúcar con la leche; luego se le agregan los huevos bien batidos y un poco de canela o vainilla. Todo se pasa por un tamiz y se coloca en un molde en cuyo fondo se habrá puesto ya de antemano una cucharada de azúcar a punto de caramelo, se tiene una cacerola de agua hirviendo y se coloca en ella el molde bien tapado, se pone un poco de fuego encima, teniéndolo así tres horas, para sacarse del molde debe estar bien frío y se saca antes de servirse. Se conoce si está a punto cuando metiendo una aguja de media sale bien limpia.

FLAN

(de Francisca)

Un litro leche.
Azúcar a gusto.
4 claras y 8 yemas huevo.
Canela o corteza de limón o vainilla según el gusto que prefieran.

Los huevos bien batidos y se mezclan con la leche y el azúcar, colocándolo en el molde en el que ya debe haber azúcar acaramelado, y se cuece al baño María.

FLAN ECONÓMICO

Se toman ensaimadas si son duras mejor, se remojan y amasan con leche y huevos, se pone azúcar, limón rallado, canela en polvo, todo en un molde untado de manteca y se pone en el horno. Al servirlo espolvoréese con azúcar en polvo.

YEMAS DE COCO

Un cuarto de quilo de coco rallado, un cuarto de kilo de azúcar y un cuarto de litro de agua. Se pone a hervir el azúcar en el agua unos 20 minutos y al apartarse se le echa el coco moviéndolo hasta que se enfríe algo y luego se van haciendo las yemas en unas tacitas que contengan azúcar, no hay que esperar que enfríe porque endurece.

Bizcocho de coco

1 ¾ Tazas de harina (230 gramos).
Poco menos de una taza de azúcar (170 grs.).
4 cucharadas rasas de polvo Royal (5 gr.).
Un huevo.
½ cucharadita de extracto de limón.
Una taza de coco rallado (115 gr.).

Se cierne la harina y la levadura en polvo Royal y se agrega el azúcar. Se derrite la mantequilla y se incorpora el huevo bien batidas clara y yema y se mezcla con casi toda la leche. Esta mezcla se une a la harina y se agrega a todo el coco y el extracto de limón. Se pone la masa en un molde engrasado y se cuece en un horno de temperatura media por espacio de 35 a 45 minutos. Se rocía con azúcar en polvo o se esparce por encima un rebozado.

Rebozado

3 unzas de chocolate.
4 cucharadas de leche.
140 gramos de azúcar.

Se pone a cocer a baño maría el chocolate rallado, el azúcar y la leche hasta que esté suave. Cuando aún está caliente se esparce encima de la torta.

Torta (1)

Seis huevos.
Medio kilo harina floja.
Medio kilo azúcar.
Dos cucharaditas Royal.
Dos jícaras leche.

Dos jícaras aceite.
Limón raspado.

Todo bien mezclado se coloca en un molde y se lleva al horno.

OTRA TORTA (2)

1 ¼ de kilo de azúcar.
1 medida de leche.
1 cucharada bien colmada de manteca.
1 huevo bien batido.
1 cucharadita de bicabornato.
La harina que tome.
La lata untada de aceite.

OTRA TORTA (3)

Media libra harina.
Una cucharada de polvos Royal no muy llena.
Dos huevos.
Media libra de azúcar.
Una *mesura* de leche.
Dos onzas manteca.
Dos onzas mantequilla.

Todo bien mezclado y al horno.

OTRA TORTA (4)

Un kilo de harina. Un kilo de azúcar. Cuatro cucharadas baking (rasas). Cuatro cucharadas manteca. Cuatro medidas de leche. Cuatro huevos (las claras a punto de nieve). El baking se mezcla con la harina. Todo se mezcla y en un molde se lleva al horno.

Torta exquisita

De la misma parte del brazo de gitano se hace una torta, claro está que todo consiste en que se ponga a cocer en molde de cocas, al estar cocida se pone el plato que tiene que servirse y con un cuchillo fino se hacen varios cortes de arriba abajo por los que se va poniendo cucharaditas de almíbar, cuando vea que la torta ha quedado bien empapada, en el almíbar sobrante se le agregan unas yemas y siempre removiéndolo se pone unos minutos al fuego y después se vierte sobre la coca, la que se espolvorea de azúcar al servirse. Conviene hacerlo unas cuantas horas antes de comérselo pues queda más empapado. Al hacerse el almíbar se le pone un poco de vainilla. Como adorno de la torta pueden ponerse cerezas confitadas o en almíbar.

Torta de almendra (1)

Tres onzas de almendrón. Tres onzas azúcar. Una onza de bescuit. Un huevo. El azúcar se mezcla bien con las yemas, las claras se baten a punto de nieve y se mezclan con la almendra bien molida, el *bescuit* y las yemas poniéndolo en un molde untado de manteca y al horno.

Otra torta de almendra (2)

Tres cucharadas no muy llenas de harina mezcladas con tres yemas de huevo, tres onzas de almendras molidas, tres onzas de azúcar.

Todo bien mezclado y luego se le añaden las claras a punto de nieve, un poco de limón rallado y un poco de canela o vainilla.

Se coloca en un molde untado de manteca y galleta picada y luego en el horno.

Otra torta de almendra (3)

1 libra de almendras.
13 onzas de azúcar.

8 huevos.
El zumo de una naranja y
Dos cucharadas de harina.

La almendra molida se mezcla con las yemas que deben estar bien batidas con el azúcar y luego se unen con las claras a punto de nieve, el zumo de la naranja y la harina; se menea bien y se pone en el molde untado de manteca y espolvoreado de galleta picada y se mete a horno.

Torta superior

Una libra de harina de fuerza.
Una cucharada de polvos Royal, mezclada con la harina.
Cinco huevos.
Cinco onzas de manteca.
Una libra de azúcar.
Una tacita de aceite.
Una tacita de leche.
Canela y limón rallado.

Todo bien mezclado y luego en un molde untado de manteca y al horno.

Torta teresina

Cinco o diez céntimos de levadura. Un huevo. Una jícara azúcar. Una jícara aceite y harina de ensaimada la que tome. Se amasa por la noche y a la mañana siguiente se extiende y cuando levanta se mete en el horno.

Torta de leche

Una ensaimada cruda se mezcla bien con media tercia de manteca, seis huevos y media libra de azúcar, cuando está bien desleído se agrega una medida de leche y medio kilo de harina, meneándolo hasta que esté bien amasado, se coloca en un molde bien untado de manteca y cuando esté a punto se pone al horno.

TORTA CON CHICHARRONES

Dos ensaimadas crudas, una libra de chicharrones, una libra de azúcar, y una de patatas hervidas y picadas, cuatro huevos, una jícara de aceite y dos de agua, un kilo de harina fina, se ha de hacer la masa 24 horas antes de hacer las tortas.

TORTA DE NUECES

6 huevos.
4 cucharadas de harina de fuerza.
6 o 7 cucharadas de azúcar.
200 gramos de nueces.
Una cucharadita de polvos Royal.

Se baten bien las yemas juntamente con el azúcar, luego se baten las claras a punto de nieve y se juntan con las yemas, se les añade la harina, los polvos Royal y luego las nueces, que estarán finamente pulverizadas. Todo se junta bien y se pone la masa en un molde untado de mantequilla, se pone en el horno hasta que quede dorada la torta. Cuando está cocida se puede cubrir de un chocolate con leche expreso y se adorna con nueces partidas por la mitad.

TORTA DE LA CONCHA

se ponen cuatro ensaimadas sobre una lata de cocas y se aplanan que tengan un dedito de grueso, encima se pone una capa de crema con gusto de vainilla, se cuece en el horno, luego se saca y encima se ponen claras de huevo batidas a punto de nieve mescladas con azúcar en polvo (una cucharada para cada clara), se puede poner azúcar, un cucharadita de canela, se pone al horno unos cinco minutos.

Torta de mantequilla

Ciento sesenta gramos de mantequilla.
Cuatro huevos.
Trescientos gramos azúcar.
Quinientos gramos harina.
Una copita coñac.
Una taza de leche.
Una taza de pasa.
Dos cucharadas polvos Royal.

Todo bien mezclado y en un molde se pone en el horno.

Torta morón

Se compra masa blanca que no tenga sal, con las yemas de los dedos se la va amasando haciendo hollitos, añadiéndole aceite fino y harina de empanada hasta que esté bien. Se pone en un molde untado de manteca. Se le da la forma de lago. Se le pone encima pedacitos de almendra frita o tostada, luego huevos batidos (clara y yema) y canela, por último azúcar moreno y se lleva la horno.

[Torta de habas]

½ libra puré de habas.
½ libra leche.
Un poco azúcar rallado.
Un paquete cremadina.
½ paquete Royal.
Azúcar a gusto.
Se puede poner un huevo.

Bien mezclado que resulte la pasta clara se pone en un molde untado de manteca y al horno.

TORTA FLAMÍN

Media libra harina castaña.
Un paquete flamín.
Un poco de manteca.
Dos cucharadas de harina.
Un poco de leche.

Se mete en el horno enseguida.

TORTA DE REQUESÓN

se mezcla un panecillo crudo de diez céntimos con cuatro onzas de requesón; cuando está bien mezclado se le añade un huevo, una cucharada de manteca y una jícara de aceite, añadiéndole después la harina necesaria; después de tres horas de hecha esta masa se hace la torta, poniéndole encima perejil, espinacas y pescado, aceite, tomate y especies, y se lleva al horno.

TORTA CON CHOCOLATE
(DE CASA MUNTANER)

Un huevo bien batido a punto de nieve.
4 onzas y media harina castaña.
Una taza de leche (1 medida) o un poco más.
3 cucharaditas de chocolate rallado.
4 cucharadas azúcar.
2 cucharadas azúcar o Orida.

Todo bien mezclado, se coloca en un molde untado de manteca y harina o galleta picada.

PASTEL DE NUEZ

Una cucharada manteca o mantequilla.
Una taza de leche condensada o leche con azúcar.
Una taza de galleta picada.
Media taza nueces picadas.
Un huevo.
Media cucharadita vainilla.
Una cucharadita Royal.

Se mezcla la manteca con la yema de huevo y la leche, se le añade la galleta, nueces, Royal y vainilla, se mezcla todo bien, se le agrega la clara de huevo batida a punto de nieve, y se coloca en un molde rectangular, se cuece al horno. Se sirve solo o con crema o gelatina de frutas.

TARTA
(DEL COCINERO VILA)

4 huevos enteros se ponen en un recipiente y se trabajan bien con cuatro cucharadas de azúcar y ¼ de corteza de limón muy picadito. Reducido a polvo se les añaden 2 cucharadas de harina y 2 de maizpur. Cuando esté bien trabajado, que se conoce que está en su punto por quedar muy fino, se le añaden 50 gramos mantequilla derretida y se trabaja de nuevo un momento y se coloca en el molde untado de manteca o mantequilla y pulverizado con la harina poniendo en el fondo una capa de almendra tostada y cortada muy pequeñita y al horno enseguida.

TARTA FINANCIERA

Se baten mucho tres huevos y dos yemas con 100 gr. de azúcar. Puesta a fuego suave se incorporan 50 grs. de harina, una cucharada de almendra en polvo, unas gotas de curasao o ron y un poco de manteca de vaca, cuando esté bastante espeso y muy fino se echa una capa de esto en un molde engrasado con manteca de vaca y espolvoreado de almendra y luego otra de frutas en dulce rociadas en licor y cortadas en cuadritos, y luego otra de la masa hasta que se llene, y se mete en el horno a fuego suave media o tres cuartos de hora. Después de colocado en un plato se vierte por encima una mermelada de albaricoque o ciruela.

GATÓ

Un libra de almendrón molido. Una libra y media de azúcar. Tres onzas de bizcochos (*bescuit*) y una docena de huevos. Se mezcla la almendra bien molida, con los bizcochos bien molidos también y las claras de los huevos batidas a punto de nieve. En otra fuente se baten los huevos (las yemas) con el azúcar y un poco de zumo de limón o naranja y un poco de canela. Se mezcla todo y se pone dentro uno o dos moldes untados de manteca y se lleva al horno, procurando que no sea muy fuerte.

AMARGOS (1)

Para quince onzas de almendrón se ponen una libra de azúcar, dos yemas y una clara de huevo, un poco de limón y canela, se amasa después de molido el almendrón, se hacen bolitas y se colocan en una lata untada de manteca y se lleva al horno.

OTROS AMARGOS (2)

Una libra de almendrón.
Nueve onzas azúcar.
Un huevo.

Se pica el almendrón y se mezcla con el azúcar y la yema del huevo, un poco de limón rallado o vainilla y luego, bien mezclado, se le añade la clara batida a punto de nieve. Se hacen con la pasta unas bolitas y se colocan en un molde plano untado de manteca, y al horno.

Si quieren hacerlos de chocolate se ralla una cantidad de chocolate y se mezcla con las almendras.

Otros amargos (3)

1 libra de almendras.
10 onzas azúcar.
2 huevos, claras y yemas.
Puede ponerse a gusto de vainilla, limón o chocolate.

Se deja un poco de azúcar y cuando las bolitas están preparadas se pasan por el azúcar y luego se cuecen.

Almendrados

Una libra de almendrón, se pela y cuando está bien tostado se muele y se mezcla con seis onzas de manteca y la misma cantidad de azúcar en polvo, cuando está bien mezclado se va poniendo harina muy fina hasta que la masa resulte no muy espesa y leo se hacen unos pastelillos que colocados en una lata plana untada de manteca se ponen en el horno. No deben ser muy cocidos.

Mantecados

Por una libra de manteca una de azúcar, cuando esté disuelto se mezcla una de harina, si la pasta es floja se le puede añadir un poco mas, se hace con esta pasta unos pastelillos y se colocan en una lata untada de manteca y se lleva al horno, que no debe ser muy fuerte.

Pasta para *ROBIOLS*

Una jícara de aceite, una de leche y una de vino blanco.
Un poquito de manteca y la harina que tome.

Se rellenan de pimientos tostados cortaditos en pequeños trocitos mezclados con atún, u otra clase de picadillo. Antes de meterse en el horno se les unta de huevo por encima.

ROBIOLS

Una libra de azúcar, seis huevos, media jícara de agua, media de zumo de naranja, una de aceite, ocho onzas de manteca. Se le pone la harina necesaria. De los seis huevos se pueden quitar dos claras.

ROBIOLS de *BROSSAT*

Por una tercia de manteca cuatro onzas de aceite, seis de agua, nueve de azúcar, un poco de canela y la harina que necesite, la pasta tiene que ser blanda. Se prepara el requesón y con él se rellenan los *robiols*.

ROBIOLS SENSE FRUITS

Una liura de sucre.
6 ous.
Mitge escudelleta d'aigo.
Una de oli.
Mitge de such de taronja.
8 unses de seïm.
Y sa farina que necessitis.

Dels 6 ous s'han de llevar dos blancs.

Moka

250 gramos mantequilla.
2 yemas.
Azúcar polvo a gusto consumidor.
Onza y media café líquido.
Poca agua.

Disuélvase la mantequilla en un fuente, pónganse después las yemas, agítese, después se pone el azúcar y continuará agitándose, añádase después el café y sírvase.

Llesques de papa

Se cortan lonjas de «coca» y se mojan un poco en leche, luego se pasan por claras de huevo a punto de nieve y se fríe en aceite bien caliente.

Huevos hilados

Meterás las yemas de huevo frescas en una servilleta bien limpia exprimiéndolas muy bien sobre una cazuela; echaras la expresión poco a poco en un embudo hecho para este intento con tres o cuatro agujeros muy sutiles y sobre un perol de azúcar clarificado a punto lise se irá al contorno del hilado con lo que se echó en el embudo, habiendo dado cinco o seis hervores se apartan del fuego dejándolos en infusión un corto tiempo. Después de esto se irán sacando con unos tenedores colocándolos sobre rejillas de alambre y azúcar con el resto hasta su conclusión, observando para ello la misma regla. LISE: punto de cocimiento del azúcar. Se toma un poco de almíbar del medio del perol con dos dedos que se juntan y separan; si al separarse el hilo que forma el almíbar se rompe, está a punto LISE. Si el hilo no se rompe, está a punto de PERLA.

DULCE DE MANZANA

Un vaso agua.
Un vaso leche.
Un huevo.
Un paquete polvos levadura marca «Canario».
Una tacita aceite o de manteca derretida.
[Corteza de limón.]

Se mezcla el agua, la leche y el huevo con el aceite, mezclándolo bien, y se le añade la harina que tome para que la masa no sea muy espesa, se le pone un poco de corteza de limón rallada, y dos cucharadas de azúcar. Cuando esté bien amasado se le mezclan los polvos y luego se pone en el molde untado de aceite, encima se le ponen trozos delgaditos de manzana, que quede la torta bien cubierta y luego una capa de azúcar y canela, y al horno.

BIENMESAVE

Se pone por cada huevo una cucharada de azúcar y una más, las yemas se mezclan con el azúcar en una cacerola al fuego, meneándolo bien hasta que se esté bien unido, después se le agregan las claras batidas a punto de nieve y se le da unas vueltas hasta que esté mezclado vertiéndolo en una fuente en la que se ha colocado una capa de bizcochos o rajas de coca rociadas de jerez o coñac.

DÁTILES A LA MAHONESA

Se cortan unos ajos y un poco de perejil menudito, se fríe con aceite, se ponen los dátiles, se dejan un momento, se les pone agua, pimiento y pan rallado.

Rosquillas de limón

7 huevos.
1 libra azúcar blanco.
1 limón zumo y raspado.
3 libras de harina.
6 cascarones aceite que esté ya frito con un trocito de pan.

Se amasa todo junto y sobre una mesa se forman los rollitos. La masa se pone bien plana que tenga un dedito de grueso y con un vaso grande se cortan unos pastelillos, luego con un vaso más pequeño se hace un aro en el centro del pastelillo y quedan unos rollitos, se les adornan con unos cortecitos que se hacen con un cuchillo y se fríen en mucho aceite bien caliente.

Se pone por cada huevo una cucharada de azúcar y una más, las yemas se mezclan con el azúcar en una cacerola al fuego, meneándolo bien hasta que se esté bien unido, después se le agregan las claras batidas a punto de nieve y se le da unas vueltas hasta que esté mezclado vertiéndolo en una fuente en la que se ha colocado una capa de bizcochos o rajas de coca rociadas de jerez o coñac.

Molletes

Dos tercios taza de manteca o mantequilla.
Dos huevos.
Cuatro tazas de harina.
Una taza y media de leche.
Cuatro cucharaditas de Royal Baking.
Media libra de dátiles o pasas Corinto.

Se ablanda la manteca con una cuchara, se añade el huevo batido, la harina mezclada con el Royal y azúcar, se añade la leche y las pasas o los dátiles cortados en pedazos pequeños. Se bate todo bien y se coloca en moldes pequeños debidamente untados de manteca y se cuece al horno caliente. Si se desean molletes dulces se mezcla media taza de azúcar con la mantequilla.

[Coca dulce]

6 huevos.
Medio kilo harina floja.
Dos cucharaditas Royal.
2 jícaras leche.
2 "   "   aceite.
Limón rayado.

Bien mezclado, y se coloca en un molde y al horno.

Torta de huevos y cacao

6 huevos.
6 onzas de azúcar.
6 cucharadas de harina.
2 cucharadas de cacao.

Se mezcla el azúcar con las yemas; cuando estén bien batidas se le agregan la harina y el cacao, no dejando de menearlo. Las claras se suben a punto de nieve uniéndolas con las yemas, se pone en un molde y en seguida al horno, dejándolo unos diez o quince minutos. Puede luego partirse la torta por medio y ponerse entre las dos mitades una capa de crema y encima se puede poner un rebozado de chocolate.

Chocolate phoscao

125 gr. azúcar.
112 gr. maicena.

10 gr. fosfato de cal.
5 gr. magnesia calcinada.
250 gr. cacao soluble.
1 paquete de vainilla.

PHOSCAO

1 kg. azúcar corriente.
300 grs. de cacao soluble.
1 bote harina lacteada.
1 paquete grande de maicena, en su defecto puede substituirse por maíz yema.
20 grs. fosfato cal.
Una cucharada sopera por taza de leche.

Debe hervir un momento. Si es para personas mayores puede suprimirse el fosfato de cal.

PASTELILLO DE CACAO

Harina en flor 300 grs.
Azucar 200 grs.
Cacao polvo 50 grs.
Lardina 150 grs.
Polvos Royal dos cucharaditas.

Con la lardina o mantequilla derretida se forma una masa, se hacen unas bolitas y se cuecen al horno.

PASTEL DE CHOCOLATE

Cuatro onzas de chocolate rallado.
125 gramos de manteca de vaca.

125 gramos de azúcar molido.
125 gramos de almendra molida.
6 huevos.

Se bate bien la manteca sola, luego se añade una por una las yemas, después el chocolate, las almendras y el azúcar; cuando todo esté bien mezclado se añaden las claras que estarán subidas a punto de nieve, se pone en un molde untado de manteca y se mete en el horno.

MOUSE DE CHOCOLATE

100 gramos de chocolate (puede ser de cualquiera pero es mejor cobertura la de Suiza), 2 claras batidas a punto de merengue, 2 yemas, 0'25 grs. de mantequilla dulce y 0'20 grs. de azúcar. Se derrite al baño María el chocolate con la mantequilla dulce y se disuelve el azúcar con las yemas, a esto se le va echando el chocolate despacio para que las yemas no se corten y cuando esté bien mezclado se le echan las claras (a punto de nieve) es mejor de un día para otro.

PUDIN DE PAN

250 gramos de miga de pan, medio litro de leche, 100 gramos de azúcar, cuatro huevos, corteza de naranja o de limón y pasas de Corinto. La miga de pan se desmenuza y se moja con leche hirviendo, se deja un rato hasta que el pan esté bien empapado, entonces se pasa todo por un tamiz, se le añade el azúcar, la corteza de naranja rallada, las yemas de los huevos y las claras batidas a punto de nieve y por último las pasas y se cuece en un molde untado de manteca o mantequilla al baño María.

PUDIN (1)

Se toma un panecillo de Viena o una magraneta y se corta a rajas delgaditas y se untan de mantequilla y se colocan a capas en un molde untado de mantequilla alternando con capas de frutas confitadas. Se bate un huevo, se endulza a gusto y se le añade una medida de leche y una cucharada de maicena. Se vierte en el molde, procurando que la leche cubra el panecillo, y se cuece al horno.

OTRO PUDIN (2)

Se unta un molde con mantequilla, se llena con bizcochos cortados y fruta confitada en capas alternas, aparte se prepara una crema líquida de cuatro huevos enteros, 100 gramos azúcar y medio litro leche hervida; se vierte en el molde y se cuece al baño María.

BRAZO DE GITANO

Por un huevo una onza de azúcar en polvo y media de fécula de patata. Se mezclan las yemas con el azúcar y se montan hasta que al descansar la pasta hace ampolla y luego se juntan con las claras que se habrán subido a punto de merengue y al estar montadas les habrán mezclado la fécula y otra vez batidas, pues al poner la fécula siempre se ponen algo claras, todo bien mezclado se pone el molde de papel untado de manteca y al horno que tiene que ser bastante fuerte. Al sacarse del horno en caliente se rellena y se enrolla.

TOCINO DE CIELO

Por una libra de azúcar clarificado se ponen 13 yemas muy bien batidas y después de mezclado se pone al baño María y se cuece a fuego lento.

CREMA (1)

Por una *mesura* de leche se ponen dos yemas de huevo, canela, cáscara de limón o naranja, el azúcar que necesite y un poquito de almidón. Se coloca todo en una cazuela y se pone al fuego meneándolo siempre con una cuchara, así que rompa el hervor se quita y se pone en el plato que se ha de servir.

OTRA CREMA (2)

Por cada medida de leche se ponen dos yemas de huevo, dos onzas azúcar, una cucharada, de las de sopa, de almidón inglés, un poco de limón o canela, y bien mezclado se pone en una cazuela meneando siempre hasta que rompe el hervor. Hay que quitarlo del fuego enseguida y ponerlo en los platos que debe servirse.

CREMA DE NARANJA

Por cada taza de zumo de naranja se pone dos yemas, un terroncito de almidón y azúcar a gusto, y se cuece hasta que esté a punto.

CREMA DE ALBARICOQUE

Por cada taza de agua un albaricoque, una cucharada de harina de arroz y azúcar a gusto. Se cuece hasta que esté a punto.

BIZCOCHO SENCILLO

Un cuarto taza manteca o mantequilla, una taza azúcar, un huevo, una taza leche, tres cucharaditas Royal, dos tazas harina, un poco vainilla, se ablanda la manteca, se le pone el azúcar, el huevo batido y la vainilla que conviene sea en polvo. Por separado se mezcla la harina con el Royal agregándolo a la masa anterior alternativamente con la leche, se bate todo bien y se dispone la masa en un molde. Se cuece en el horno a temperatura media (esta masa sirve también para puding).

CONGRETS

Se toman seis huevos y se pesan con ellos igual cantidad de azúcar y de harina, se van mezclando los huevos uno a uno con partes de harina y de azúcar hasta terminar con el último huevo, se bate bien con una cuchara. Se pone la mezcla en un molde rectangular y se cuece al horno. Cuando esté cocido se saca del molde se deja enfriar y luego se corta a tiras.

9. GELATS I CONFITURES

ALBARICOQUES ENTEROS EN ALMÍBAR

Se pone en una cacerola azúcar y agua (por libra de albaricoque libra de azúcar y un vaso de agua) se pone al fuego y cuando haya hervido unos cinco minutos se quita del fuego y se ponen en el almíbar los albaricoques enteros a los que se habrá quitado el hueso con un palito apretando por la parte del tronco y sale el hueso por la parte de abajo, y se dejan así hasta dentro unas cuatro horas. Luego se sacan y se pone la cazuela al fuego y se hace hervir un buen rato hasta que el almíbar esté ya algo espeso, se quita otra vez del fuego y se meten otra vez los albaricoques, dejándolos así hasta el día siguiente, en que se hace lo mismo que la otra vez, y al hervir por tercera vez el almíbar se tiene al fuego hasta que esté en su punto, no muy espeso ni muy claro, se ponen los albaricoques dentro y se dejan dar un hervor quitándolos de fuego, al estar casi fríos se colocan en los botes y se tapan con un papel blanco mojado de alcohol y encima otro papel bien sujeto para que no entre el aire.

CONFITURA DE ACEROLA

Se escaldan y luego se les quita la piel muy fina para que no se estropeen, deben quedar bien enteras, se ponen a cocer con el azúcar y agua unos tres cuartos de hora, al día siguiente se ponen otra vez a cocer un ratito. Luego se ponen en los botes. Por libra de acerola se pone un vaso de agua y una libra de azúcar. Si se quiere se pueden hacer sin huesos y resultan mucho mejores. Para quitar los huesos se les quita con un cuchillo de punta fina la coronita que tienen abajo y luego con un palillo o un punzón se le van sacando los huesos uno a uno, esto conviene hacerlo antes de quitarle la piel para que no se estropeen pues tienen que quedar bien enteras.

[MELMELADA DE TOMÀTIGA]

Se posen dins una caserola tan de tasons de aigua com lliures de sucre, se han de clarificar, después que se té l'aigua dins la

90

cacerola s'hi bat un ou, blanch y vermell, y después s'hi posen les lliures de sucre, y se posa al foch, y después d'haver bollit un poch se cola y queda clarificat el sucre; después se'l posa altra vegada dins la cacerola juntament amb les tomàtigues partides per mig y sense piñols y bulli fins que estigui a punt.

CONFITURA PARA PASTAS

1 Libra almendras.
1 Libra azúcar.
1 Tacita agua.

Se escalda el almendrón y se monda y se pica.

Se pone en una cazuela el azúcar y el agua, cuando haya hervido un buen rato se le agrega la almendra y se va meneándolo hasta que esté como seco; luego se le añade confitura de albaricoque y de cabello de ángel mezclándolo bien y quitándola del fuego.

Las cantidades a proporción.

HELADO DE FRUTAS

Se exprime el zumo de unas naranjas en agua, se le pone el azúcar necesario, una copa de jerez, trocitos de plátano, granos de uva, trocitos de pera, albaricoque, manzana y cuantas frutas se tengan a mano, se coloca en la heladora.

HELADO DE CARAMELO

Se ponen unas cucharadas de azúcar a punto de caramelo y se echan en la cantidad de leche que se quiera helar, que debe estar hervida de antemano y bien fría, conviene que el azúcar se mezcle con poca cantidad de leche meneándolo bien y luego mezclarse con la otra cantidad de leche; luego se hiela.

Helado albaricoques

Se parten los albaricoques y se ponen con azúcar, se dejan un buen rato así, luego se les pasa por el tamiz o por la máquina de prensar y se le va poniendo agua hasta que haya la cantidad que se quiera, conviene pasarlo unas cuantas veces por el tamiz, se le pone una copita de jerez y se puede helar.

Helado mantecado (1)

Se hace crema con gusto de vainilla o canela, a gusto de cada cual, tiene que ser clarita y luego se hiela.

Otro helado mantecado (2)

Se hierve la leche y al estar fría se le ponen unas cuantas yemas de huevo, mucho azúcar y vainilla. Se pone a helar y un rato antes de estar a punto se le añaden las claras de los huevos batidas a punto de nieve y se acaba de helar.

10. MASSA I PASTES

Masa para toda clase de fritos

150 gramos de harina de trigo, 200 gramos de agua, o sea una copa colmada, tres cucharadas de aceite fino, 3 gramos de sal, 2 huevos, medio kilo de manteca, o medio litro de aceite fino, en una fuente honda o ensaladera se echa el aceite, las yemas de los huevos reservando las claras para el uso subsiguiente, con una cuchara de palo se mezcla y bate durante unos minutos esta masa y cuando se la vea compacta y sin grumos aparentes se la deslía poco a poco en los 200 gramos de agua, donde previamente se habrá derretido la sal. Obténgase una masa esponjosa, ligeramente espesa, que cubra bien la cuchara y alzada esta caiga la pasta en forma de cinta. Déjese este preparado en descanso durante hora y media para su comienzo de fermentación, y después agréguesele las claras de los dos huevos batidas a punto de nieve, procúrese obtener esta nueva preparación

tersa y haciendo pico al levantar el tenedor o las varillas batidoras, una pizca de sal facilitará esto último. Enseguida incorpórese a la masa de harina y a esta la masa de freír en disposición de servicio.

PASTA PARA DUQUESAS (1)

Seis yemas de huevo, una copita de jerez, cinco onzas manteca, cinco onzas azúcar, y la harina que se tome.

OTRA PASTA PARA DUQUESAS (2)

Tres onzas manteca, una taza leche, tres onzas azúcar, tres yemas de huevo, harina de empanada la que se tome.

PANECILLOS

Un huevo bien batido, dejando un poco en el plato, para untar los panecillos antes de meterlos en el horno.
20 gramos levadura cinta roja.
Un vaso con más de la mitad de leche y lo demás de agua.
Una cucharada de las de sopa de manteca.
Media cucharadita de las de café de sal.
La harina que tome.

PANECILLO DE VIENA

Un vaso de agua tibia.
Un vaso de leche.
Un huevo.
3 céntimos de levadura.
Cerveza.
Un poco de sal.
Una taza de manteca derretida y
La harina que se toma.

Se hacen unas bolitas y se les hace una cruz, se untan con un poco de huevo al meterlas en el horno y a media cocción untándose otra vez.

PASTA DE EMPANADAS

Diez onzas de manteca, una taza jugo de naranja, una taza de aceite bueno, una de agua tibia y la harina que tome al amasar (unas tres libras). Si quieren dulces se añade una libra de azúcar y para que sean más finas tres yemas de huevo.

GALLETAS

(Palma 2-3-49. Del cocinero Vila)
(cocinero Vila)

Un huevo.
3 cucharadas harina.
Una cucharada de azúcar.
Y un poco de limón rallado, y, si se quiere, un poco de mantequilla.

Todo bien mezclado se coloca en moldes y al horno.

11. SALSES

SALSA TÁRTARA

Se hacen cuatro montones uno de cebolla, otro de alcaparras, otro de tomate y otro de perejil, todo bien *capolat*; en el almirez se chafa un ajo, luego se echan dos yemas de huevo y se va echando poquito a poco aceite hasta que esté ligado; luego se le echa sal, se exprime la cebolla bien exprimida a fin de que no tenga agua (antes se echa un poco de sal al montón de cebolla) y lo mismo se hace con las alcaparras. Lo último que se echa en el almirez es el perejil, luego una cucharada de vinagre y un polvito de pimienta.

SALSA MAYONESA

En una cazuela se echa una yema de huevo, pimienta, sal y algunas gotas de vinagre, se revuelve y mezcla todo muy bien, después se añade una cucharada de aceite, gota a gota, batiendo siempre, y cuando ya está cuajada y en su punto se echan unas gotas de vinagre.

Esta salsa es muy delicada y se sirve con carnes frías.

SALSA BECHAMEL

Se sofríe un poco de cebolla a fuego lento con manteca, luego se le añade una cucharada de harina y sal, se quita del fuego y se le añade una medida de leche meneando siempre; cuando está mezclado se pone al fuego y al hervir se quita y al servirla se le añade una yema de huevo.

SALSA PARA PESCADO HERVIDO

Se machacan en el mortero o almirez una cebolla grande, un tomate, un ajo y bastante perejil, un poco de canela, pimentón y especias, al gusto de cada cual, luego se mezcla un huevo hervido bien duro y cuando todo esté bien picado se le pone sal, limón y aceite hasta que esté bien de clara para colocarse sobre el pescado.

12. DIVERSOS

MIGAS DE PASTOR

Se corta pan duro a cuadraditos pequeños y se remoja en leche espolvoreándolo con un poco de pimentón y sal. En una sartén se sofríen unos dientes de ajo *achafados* y jamón cortado a cuadritos y luego se añaden los trocitos de pan revolviéndolo bien hasta que tenga buen color, se sirven bien calientes.

Gelatina (1)

Un cubo Maggi.
Hoja de cola.
Jerez.

Por un cubo Maggi un cuarto de libra de agua y una hoja de cola y una cucharada de jerez. Debe hervir 1 cuarto de hora.

Otra gelatina (2)

Por cada cubito una cucharada de jerez, un cuarto de litro de agua y una hoja de cola de pez.

Se deja hervir unos veinte minutos. Se colocan en un molde sardinas, coliflor, huevos duros a trozos y aceitunas sin hueso, tomate, trozos de pimiento tostado, trocitos de carne, espárragos y lo que se tenga, se le pone después la gelatina y se deja enfriar. Se saca del molde y se sirve a trozos.

Fórmula per fer ceregumil

1 olla nova (si es de test) o de metall.
3 litros d'aigo.
1 unsa de blat.
1 íd. de maís.
1 íd. de mongetes blanques.
1 íd. de ciurons.
1 íd. de llenties (si se pateig de reuma o d'arenes, se substitueix per 1 unsa des llegums anteriors).
1 íd. d'ordi perlat (se ven en es centro o farmàcies).
1 kilo de sucre.
9 unses de sucre.

Tots els llegums se bullen fins que s'aigo s'ha reduïda a 1 litro; se lleva del foc o se deix en repòs fins que s'ha estillat.

A n'el kilo de sucre s'hi posa un tassonet d'aigo i se bull fins que té punt fortet; a les hores se mescla amb so brou dels llegums; se cremen les 9 unses de sucre i se tiren també dins el brou; se fa bullir una mica i se posa dins botelles, si resisteixen la calentor, o be se deixa antes refredar.

[Licor de codoñys]
Los codoñys se rallan y se preman bé din un pedás gruxat. Per cada lliure de aquesta aigua se pose dues unses de aygordent y una unse de sucre tot mesclat, y despues se ambotella.

Caracoles
Se pone aceite en una sartén y se echan los caracoles que ya estarán cocidos, se pica carne y tocino, se sofríe junto y se ponen cabezas de ajo cortados pequeños, perejil y "fonoy", unos cuantos tomates y se sirven con "aioli".

Sivé de conejo
Se hace trozos del conejo y se sofríe hasta que tome color sin el hígado, se sofríe una cebolla grande bien picada, se añaden unas cucharadas de harina, un vaso de agua, uno de vino negro y uno blanco, se añaden toda clase de hierbas y se pone el hígado con tomate.

[Higos secos]

2 vasos agua.
1 vaso azúcar.
Una cucharada sal.
Un puñadito pepitas anís.

Se coloca en una cacerola y se deja hervir 15 minutos, luego se pasa por el tamiz y se le añade medio vaso de anisado dulce.

Se colocan los higos en botes de cristal poniendo entre ellos cucharaditas de líquido, se tan los botes como si fueran para confitura. Deben estar muy prensaditos.

Ensalada rusa

Se toman zanahorias, patatas y remolachas, se hierven bien y se cortan a pedazos. Se toma un huevo cocido y se trincha para majarlo en el mortero; después se le echa jugo de limón, nuez moscada y canela, y se hace una salsa para sazonar las raíces y tubérculos ya cortados.

ÍNDEX DE RECEPTES

TAULA

Aquesta primera edició de l'obra *Receptari de cuina. El menjar a casa de Gabriel Oliver Morey, batle republicà de Palma (1872-1873)*, original de Maria del Carme Oliver Espinosa, en edició a cura d'Alexandre Font Jaume, constitueix el volum cent cinquanta-cinc de la col·lecció

Llibres de la Nostra Terra

S'acabà d'estampar a la ciutat de Palma (Mallorca) dia 20 d'octubre de MMXXIV, festivitat de Santa Marta, verge i màrtir.

LAVS DEO

SUB LUCE LUES.